EDAF

MADRID - MÉXICO - BUENOS AIRES - SAN JUAN - SANTIAGO

RICHARD ELLIS

REIKI
Y LOS SIETE CHAKRAS

Una guía práctica

EDAF/NUEVA ERA

© De la traducción: EDGARDO OVIEDO
© 2002. Richard Ellis.
© 2003. De esta edición, Editorial EDAF, S.A. por acuerdo con Vermilion, un sello de Ebury Press, Random House, 20 Vauxhall bridge Road, Londres, SWIV 2 SA (UK).

Editorial EDAF, S. A.
Jorge Juan, 30. 28001 Madrid
http://www.edaf.net
edaf@edaf.net

Ediciones-Distribuciones Antonio Fossati, S.A. de C.V.
c/ Sierra Nevada, 136 - Colonia Lomas de Chapultepec
C.P. 11000 México D.F.
edafmex@edaf.net

Edaf del Plata, S. A.
Chile, 2222
1227 - Buenos Aires, Argentina
edafdelplata@edaf.net

Edaf Antillas, Inc
Av. J. T. Piñero, 1594 - Caparra Terrace (00921-1413)
San Juan, Puerto Rico
edafantillas@edaf.net

Edaf Chile, S.A.
Huérfanos, 1178 - Of. 506
Santiago - Chile
edafchile@edaf.net

Queda prohibida, salvo excepción prevista en la ley, cualquier forma de reproducción, distribución, comunicación pública y transformación de esta obra sin contar con la autorización de los titulares de propiedad intelectual. La infracción de los derechos mencionados puede ser constitutiva de delito contra la propiedad intelectual (art. 270 y siguientes del Código Penal). El Centro Español de Derechos Reprográficos (CEDRO) vela por el respeto de los citados derechos.

5.ª edición, septiembre 2006

Depósito legal: M-36.139 -2006
ISBN: 84-414-1346-0

PRINTED IN SPAIN   IMPRESO EN ESPAÑA
IBÉRICA GRAFIC, S.L. FUENLABRADA (MADRID)

Para Maya

Agradecimientos

Quiero hacer constar mi agradecimiento en primer lugar a mi madre, Sue, y a mi padre, Peter, por su amor y su apoyo moral no solo durante la redacción de este libro sino a lo largo de toda mi vida.

A Magda, por su amor, sus masajes en los hombros, su entusiasmo y su investigación sobre ejercicios con los chakras. Y también por cuidar generosamente ella sola de nuestra hija durante seis semanas mientras yo trabajaba sin parar en la consecución de este proyecto.

A mi hija Maya y a mi sobrina Poppy, por proporcionarme tanta alegría, por mantenerme en mi corazón y recordarme lo que es realmente importante.

A mi hermana Debbie y a Andy, su compañero, por su gran generosidad y por la maravillosa semana, que tanta inspiración me prodigara, que pasamos en los lagos canadienses.

A Paul Young, por su talento artístico y visión que han hecho que este libro luzca tanto.

A Caroline Ness, por editar mis divagaciones y aportar a mi libro su personal comprensión y sabiduría.

A Lesley McOwan and Lovelock y Cía., por su capacidad profesional en la producción y diseño de este libro.

A mi amigo, agente y compañero, el maestro de Reiki David Parrish, sin el cual este libro no hubiera sido posible. Gracias por tu comprensión, penetración, paciencia, integridad y amor.

A Lawrence Ellyard, por su investigación personal sobre la vida del doctor Mikao Usui y por su generosidad al permitirme incluir ese material en el capítulo «Una historia moderna».

A mi maestra de Reiki, June Woods, por enseñarme a «dejarlo fluir».

A Debra y Greg Cass, por ser ejemplos a seguir.

A mis queridos amigos Jen, Toni y Fi, por estar en mi vida.

A todos aquellos que han confiado en mi capacidad de mantener un espacio de sanación.

A todos aquellos que me han ayudado en mi camino y que he olvidado mencionar, gracias.

Índice

Págs.

Prefacio: **Propósito de este libro** 15

Introducción: **Un viaje hacia el Reiki** 17

    En busca de respuestas 21
    Mi iniciación en el Reiki 22
    Llegar a ser maestro de Reiki 24
    Percepción frente a realidad 26

¿Qué es el Reiki? 29

    Definiendo la esencia del Reiki 32
    Los cinco principios 34
    El linaje 34
    Entendiendo al espíritu 37
    Iniciaciones 39
    Lo que se experimenta durante y después de la iniciación 42
    Ideas que hay que abandonar 42

Primer nivel de Reiki 45

    El campo energético 47

Págs.

Los vehículos 49
Fusión 53
Comunicándonos con los campos energéticos 55
Desarrollando la percepción real 56
Un inversión personal 57
Captar lo invisible 58
Dejarse llevar para poder curar 59
Los nudos del sistema 60
Los chakras 62
Un panorama de los siete chakras principales. 70

Los siete chakras 77

Primer chakra: Muladhara 79
Segundo chakra: Swadhistana 91
Tercer chakra: Manipura 103
Cuarto chakra: Anahata 113
Quinto chakra: Vishuddha 123
Sexto chakra: Ajna 133
Séptimo chakra: Sahasrara 144

El sistema completo de los chakras 153

Ejercicios para equilibrar nuestra energía 154
Tratamiento completo de los siete chakras 159
Equilibrando los chakras............................... 165
Lo que se debe y no se debe hacer en el Reiki 172
El séptimo chakra y la iniciación 173

Segundo nivel de Reiki 175

Simbología 176
Sanación a distancia 178
Purificando el espacio con Reiki 181
Sanación psicológica/emocional 183
Diagnóstico por geomancia 184

Págs.

El Reiki en la vida 187

    Campo energético colectivo 187
    Protección 189
    Reiki con la naturaleza 190
    Honrar al Reiki 192
    Una oración 194

Una historia moderna 195

BIBLIOGRAFÍA 205

LECTURAS RECOMENDADAS 206

PREFACIO
Propósito de este libro

En los últimos siete años, al trabajar muy de cerca con la energía, he podido comprobar que la clave para entender en todos sus aspectos el proceso de sanación reside en un más profundo conocimiento del sistema energético, que está constituido por siete puntos energéticos principales, los chakras.

A causa de su naturaleza –pertenecen al mundo sutil e invisible que nos circunda– resulta difícil definir estos puntos energéticos o chakras. Según los conocimientos que aportan sobre ellos los textos antiguos que han llegado hasta nosotros, el funcionamiento de los chakras, pese a su intangibilidad, responde a una lógica.

Con la presentación de mi propia investigación, de mi experiencia directa y de mis impresiones espero poder aportar una completa guía ilustrativa sobre el Reiki y los siete centros energéticos principales. Una guía que pueda ser utilizada por todo aquel que aspire a ejercer la sanación por el método Reiki, mejorar su propia práctica y adquirir un mayor conocimiento de la estructura sutil sobre la que se basa este método de sanación.

Estoy convencido de que si la energía creativa no está basada en el espíritu cuando procedemos a expresar algo creativamente, resulta difícil encontrar una corriente energética que pueda sostener esa acción. Cuando me puse a escribir este libro me di cuenta de que no había un verdadero flujo energético que sostuviese tal propósito, y solo cuando recurrí a mi espíritu en búsqueda de mayor claridad la energía creativa comenzó a fluir.

Como se ha escrito tanto acerca de los chakras, este libro no tiene, por cierto, la pretensión de ser original, sino más bien una recolección de ideas e intuiciones que proceden de numerosas fuentes. Mi trabajo se ha limitado a confrontar algunas ideas y puntos de vista aportando mi propia experiencia y presentarlos al lector.

Lo sorprendente del Reiki es su capacidad de funcionar en tantos niveles. A través de su simple aplicación, he podido comprobar que puede ayudar en el proceso curativo despertando la penetración y comprensión del subconsciente. He constatado, con gran compasión, cómo al relajarse el sufrimiento emocional la suave sanación del Reiki provoca en las personas sollozos que provienen de lo más profundo de su ser. Me ha sorprendido también la milagrosa curación de síntomas físicos a través del simple contacto. He visto cómo la gente encuentra un nuevo sentido a su vida y nuevas ganas de vivir. He visto a la gente despertar lentamente a una nueva posibilidad de vivir en paz su propia vida y darse cuenta de las consecuencias generales que eso ofrece.

Lo que unifica todos estos aspectos es el sistema de los chakras. La manera que el método Reiki utiliza para curar se basa en el sistema sutil de los chakras y sobre este aspecto no se ha escrito demasiado.

He aquí una completa guía para la práctica del Reiki y el conocimiento de los chakras. Disfrute de ella.

INTRODUCCIÓN
Un viaje hacia el Reiki

> *Creo en la existencia de un Ser Supremo —el Infinito Absoluto—, de una fuerza dinámica que gobierna el mundo y el universo y a la que llamaré Reiki.*
>
> HAWAYO TAKATA

AL tiempo que el piloto de la aerolínea hawaiana aceleraba, los viejos y cansados motores del DC9 respondieron vibrando ruidosamente, como una secadora de ropa cargada hasta los topes a toda velocidad. Con un sonido que indicaba una capacidad de maniobra severamente dañada comenzaron a tirar lentamente en nuestro despegue del aeropuerto de Maui, con destino a Big Island. Sentado junto a mí, Thomas, uno de los integrantes del grupo de personas que nos habíamos reunido en Maui para el solsticio de invierno de 1996, se estaba refiriendo a la forma natural de dar y recibir. Como nos encontrábamos lejos de nuestras familias, Alex, a quien habíamos conocido la semana anterior, nos había invitado a pasar las Navidades en Big Island, donde residía.

Thomas me estaba explicando en qué consistía la responsabilidad universal: «Si pedimos una retribución económica a cambio de algo que enseñamos, no deberíamos apegarnos a la idea de que ese pago tiene que provenir de la persona a la que enseñamos, sino que puede venir de alguna otra parte», decía, «y no inmediatamente, todo tiene que tener un equilibrio». Sonreí para mis adentros al pensar en cómo podría convencer de los méritos de semejante teoría al gerente de mi banco la próxima vez fuera a solicitarle un préstamo.

El DC9 estaba ahora totalmente acelerado. «Espera un momento, necesito hacer algo», dije interrumpiendo a Thomas. Levanté mi mano y tracé en el aire el símbolo del poder de Reiki. El mantra cruzó silenciosamente por mi mente mientras visualizaba el símbolo atravesando el pasillo del avión en dirección a la cabina del piloto. De pronto el DC9 empezó a sacudirse —el piloto debía de haber apretado los frenos y aquellos motores que hasta hacía solo un instante trepidaban se desaceleraron súbitamente y enmudecieron—. Mientras reducía su velocidad, el avión había virado hacia la parte izquierda de la pista.

Desde las ventanillas de la derecha podíamos ver tan solo el final de la pista, a unos 90 metros, y luego el mar. «¿Qué es lo que has hecho?», me preguntó Thomas asombrado. «He recordado —le contesté, igualmente asombrado— que mi maestro de Reiki me enseñó cómo usar uno de los símbolos de Reiki para proteger los viajes.»

En el tono habitual que se emplea en tales ocasiones, como si se tratara de algo acostumbrado, el capitán se dirigió a través del micrófono al pasaje explicándonos lo que acababa de ocurrir: «Señores y señoras, disculpen las molestias, pero a causa del peso que llevamos necesitamos más espacio para despegar. Retrocederemos hasta la cabecera de la pista para volver a iniciar el despegue».

Un escalofrío recorrió mi columna vertebral erizando los vellos de mis brazos al darme cuenta de lo que acababa de hacer.

A veces uno sabe que ha sentido una intervención del espíritu, un momento en que la puerta del espíritu se abre y algo nos sobrecoge completamente. Por esta razón es por lo que creemos en los ángeles de la guarda, porque en lo profundo de nuestro corazón sabemos que hay «alguien» que nos está protegiendo.

Alguna otra vez me había sucedido experimentar algo parecido, pero jamás en respuesta de algo que yo hubiera hecho. En lo más profundo de mi ser sabía que el acto de trazar en el aire el símbolo de Reiki y el hecho de que el avión se detuviera estaban vinculados. Por supuesto, esto nunca podría probarse, y ciertamente podría rebatirse, pero yo lo sabía y Thomas también.

Mi interés por la energía había empezado tres años antes, en septiembre de 1993. Tras un largo periodo de mucha búsqueda interior en el que me sentía a disgusto con mi vida de fotógrafo en Londres, pasé una semana de experiencia en la comunidad Findhorn, en el norte de Escocia, junto con otras veintisiete personas.

Al tercer día de mi estancia en Findhorn me invitaron a participar de una sesión en un «punto de poder» —una zona de líneas ley interconectadas, similar a la energía de los meridianos en el cuerpo humano— que se conoce con el nombre de Colina de Venus.

Estaba de pie cogido de la mano con otras quince personas, formando un círculo, cuando recordé que en el transcurso de aquel día de pronto se había despertado en mí un sentido de sensatez y que por primera vez había deseado participar en el grupo. Hasta ese momento tan solo me había limitado a observar a todas aquellas personas como extraños que nada en común tenían conmigo. Ahora conocía sus nombres y ahí, de pie, tomados de la mano, había conectado de algún modo con cada uno de ellos. Con un sentimiento de expectación cerré los ojos y por mi mente cruzó este pensamiento: «Dios mío, utilízame».

Jacques, un parisino que estaba enfrente de mí, dio un paso hacia el interior del círculo con las manos levantadas hacia delante y las palmas hacia abajo. Súbitamente supe qué era lo que tenía que hacer. Me adelanté también hacia el interior del círculo y me puse frente a él con las palmas de mis manos hacia arriba bajo de las suyas.

Al principio sentí un nudo en la garganta y luego empecé a percibir las poderosas vibraciones que fluían de la tierra. Eso me producía una sensación de vértigo y podía sentir realmente la rotación en mi piel, por debajo de mi ombligo. Efectivamente, los chakras giran y la sensación se parece a un espasmo muscular.

Esa energía había paralizado mi mandíbula y mi garganta dejándome sin habla y luego pareció explotar por todo mi cuerpo provocándome fuertes sollozos que provenían de lo más profundo de mi ser. Era como si me hubieran introducido dentro de una red eléctrica. Me di cuenta de que me estaba experimentando a mí mismo como energía y que esta era tangible, mucho más allá de mi cuerpo físico. Pasado un momento mi mandíbula se relajó y entonces pude decir: «¡Por favor, sáquenme de aquí, no puedo más!».

De las quince personas presentes solo Jacques y yo habíamos podido sentir la energía. Ambos estábamos convencidos de que la presencia del otro había provocado la energía. El efecto de aquella experiencia permaneció dentro de nosotros durante muchos días.

Hacía mucho tiempo que venía soportando demasiada tensión interior. Tener aquella experiencia fue como si me hubiese quitado un peso de encima: me sentía limpio, ligero y purificado. Las vibraciones en mi cuerpo disminuyeron después de unas cuantas horas pero permanecieron aún durante unas semanas en mis manos. Extrañamente, también parecía ser consciente de los sentimientos de los demás. Intenté buscar una explicación, pregunté a mucha gente acerca de lo que me había ocurrido, pero ninguna de las muchas opiniones que obtuve me pareció verdadera. Lo que me había ocurrido aquel día me enseñó que mi conciencia y mi percepción del mundo ya no eran relevantes. Me di cuenta de que necesitaba desarrollar mi comprensión de este nuevo mundo recién descubierto y me puse a buscar respuestas.

En busca de respuestas

Me pasé todo un año asistiendo a seminarios y talleres sobre diferentes formas de sanación al mismo tiempo que proseguía con mi trabajo como fotógrafo.

Mi primer contacto con el Reiki tuvo lugar en el Festival del Cuerpo, Mente y Espíritu, en Londres. Pese a que no sabía nada acerca del Reiki había algo en su nombre que despertó mi interés, pero cuando me acerqué al *stand* dedicado al Reiki, una amiga que me acompañaba me dijo: «Tú realmente no deseas esto. A ellos solo les interesa el dinero». Dejando que mi interés se viese contrariado por la opinión de mi amiga, me marché de allí sin llevarme ninguna información, ignorante de la importancia que el Reiki habría de tener en mi vida.

El verano siguiente mi corazón sintió añoranza por aquella conexión con el Espíritu que había experimentado en Findhorn y así fue como decidí volver a Escocia.

Durante el viaje a Edimburgo, advertí que la mujer que se sentaba a mi lado en el autobús en determinado momento había puesto sus manos sobre su corazón y sobre el plexo solar. Cuando vi que había acabado, le pregunté qué era lo que hacía. Me dijo que estaba practicando Reiki. Como seguí indagando intrigado, me explicó de qué se trataba.

Una vez en Findhorn me sentí, una vez más, abierto al entorno natural. Los días de verano son allí hermosamente largos: el sol se pone a medianoche, brevemente, por el noroeste sobre el océano, y su resplandor anaranjado es visible todavía en el horizonte hasta que vuelve a aparecer un poco más al este, surgiendo del mismo océano, cuatro horas más tarde. El tiempo parece detenerse permitiendo que uno se relaje, sin sentirse forzado a ir deprisa durante el transcurso del día.

Mi estancia allí, como siempre, fue muy enriquecedora, y a través de las personas que conocí el Reiki comenzó a llamarme suavemente.

Cuando regresé a Londres se produjeron dos hechos significativos: primero recibí una llamada de Mo, a quien había conocido en Findhorn, preguntándome si quería volver la semana siguiente para participar junto con ella en un curso de Reiki que había organizado con el maestro que vivía en la comunidad. En segundo lugar, recibí dos cartas, una contenía información sobre Reiki y la otra era de aquella mujer que había conocido en el autobús cuando viajaba a Edimburgo. El suave murmullo del Reiki se estaba volviendo cada vez más insistente.

Mi iniciación en el Reiki

Guiando mi mano hacia el plexo solar de Mo, mi maestra de Reiki, June Woods, me dijo: «Pon aquí tu mano». Al principio experimenté una sensación estremecedora, luego un gran calor en la palma de la mano. «¿Eres tú quien está haciendo esto?», le pregunté. «No, querido –me contestó June–, es el Reiki el que lo está haciendo. Relájate y déjalo fluir.» Estas simples palabras quedaron grabadas en mí para siempre.

Ni June ni yo éramos los que generábamos aquella corriente de energía que fluía a través de mis manos, sino el Reiki. Al relajarme dejando que la energía fluyera a través de mí estaba permitiendo que ello ocurriera.

Siempre me sentiré muy agradecido de haber podido aprender Reiki con June, cuyo método era simple, sin grandes disertaciones por medio, pues ella prefería dar su enseñanza tomando una taza de té y compartiendo un pastel.

Para June, que había sido enfermera durante la Segunda Guerra Mundial y había descubierto muy temprano su capacidad para curar, practicar la sanación era su forma de vida. June la había practicado durante muchos años –antes de descubrir la práctica del Reiki– en la Federación Británica de Sanadores Espirituales.

Siempre disponible en cualquier momento que se la necesitara, June era conocida cariñosamente como «June la indómita». Cuando no estaba sanando o haciendo un recado para alguien, podía encontrársela trasplantando tiestos aquí y allá en su jardín con enormes carillones de cristal.

Vivía en una caravana en el centro de la comunidad de Findhorn, próxima al santuario natural. Innumerables chucherías, regalo de visitantes de todas partes del mundo, decoraban las paredes de su vivienda. June amaba los delfines y la cultura indígena norteamericana, y desde lo alto de su chimenea la imponente imagen del jefe indio Jerónimo miraba desdeñosamente a los visitantes.

Entre las cosas que June me había enseñado estaban los aurosomas –esencias vibratorias de colores que actúan sobre el aura–. June poseía un juego completo de ellas que exhibía en una vitrina junto a la ventana, y recuerdo que siempre me decía: «¿Quieres un poco de amor incondicional, cariño?», refiriéndose al frasquito rosado de «Quintaesencia de Lady Nada». Uno de los usos que ella hacía de esta esencia –que posiblemente no figuraba en la lista de aplicaciones del aurasoma– era agregarla al agua que ponía en la plancha cuando planchaba su ropa. Cualquier cosa que ella hiciera parecía funcionar, y fue en su humanidad y en su sencillo método donde hallé las bases para poder desarrollarme.

Llegar a ser maestro de Reiki

Aproximadamente a un kilómetro y medio de la casa de June, en Kinloss, se encontraba el establecimiento de la Fuerza Aérea británica donde se probaban y reparaban los antiguos aviones Nimrod, un derivado del Comet, primer jet de pasajeros y no precisamente la más silenciosa de las aeronaves, especialmente durante el despegue.

Cierta tarde el mes de mayo de 1995 –hacía un año que había acabado el segundo nivel de aprendizaje de la práctica del Reiki–, fecha de mi iniciación como maestro de Reiki, los aviones de la Fuerza Aérea de Kinloss estaban realizando sus prácticas habituales (picados y circuitos), lo que significaba que cada quince minutos se escuchara un rugido que hacía estremecer hasta los cimientos la pobre caravana de June cada vez que los Nimrod intentaban despegar. En momentos como estos es cuando uno descubre el nivel de amor incondicional que ha conseguido. «¿Por qué hoy?», pensé al advertir que, evidentemente, no lo estaba haciendo muy bien.

–No te preocupes, cariño, ignóralos –dijo June–, meditemos un poco.
–¡Meditar! Como se supone que pueda meditar con este... En ese momento se oyó el estruendoso rugido de otro Nimrod aprestándose a despegar.
–Pide ayuda –me contestó, tratando de hacerse oír por encima de aquel fragor.

Me senté en el sofá, junto al gato de June acurrucado a mi lado. June se sentó enfrente y cerramos los ojos disponiéndonos a meditar

«¡Me es imposible», pensé. «Mi mente se está aprovechando de esta gran excusa para sabotearme. Se supone, entonces, que no puedo ser maestro de Reiki. Es esto, de eso se trata!»

Intenté ignorar aquellos pensamientos perdidos, calmarme y penetrar en mi corazón para pedir a los grandes maestros espirituales, doctores Usui, Hayashi y Hawayo Takata que vinieran en mi ayuda.

Recuerdo haber oído a June levantarse y haber sentido sobre mi hombro y mejilla derechos la ráfaga de brisa cuando pasó a mí lado y, colocándose de pie detrás de mí, penetró en mi interior. Mi respiración se aceleró y experimenté una especie de expansión. Luego sentí que otro guía espiritual también entraba en mí y luego otro y otro, sintiendo cada vez una nueva expansión en mi ser.

Cuando abrí los ojos en la habitación había un silencio absoluto. June me estaba observando desde su sillón un tanto preocupada.

—¿Estás bien? —me preguntó

—No tenía idea de que fuera así como lo haces —le dije

—¿Hacer qué? Aún no he comenzado, no me he movido de aquí.

—¿Acabo de recibir, entonces, la iniciación del maestro? —le pregunté al tiempo que le describía lo que me había ocurrido.

Posteriormente, cuando empecé a enseñar Reiki e iniciar a la gente, fui consciente de que los maestros podían acudir o no, que nada de lo que yo hiciera tendría demasiado efecto si ellos decidían no venir. Afortunadamente, esto nunca ocurrió.

Muchos de mis discípulos me han contado haber tenido una visión recurrente —que siempre conforta mi corazón—: en la que me ven con mi mano derecha sobre su hombro izquierdo y detrás de mí la figura del doctor Usui con su mano derecha sobre mi hombro izquierdo, y detrás de él al doctor Hayashi con su mano derecha sobre el hombro izquierdo del doctor Usui, y así sucesivamente, con Hawayo Takata y cientos de maestros espirituales que repiten el mismo gesto formando una cadena humana hasta perderse en la luz.

Percepción frente a realidad

Durante mi estancia en Hawai tuve una experiencia muy similar a la que había experimentado en la Colina de Venus, en Escocia. Un grupo de personas nos habíamos reunido para hacer una excursión a la cima del monte Haleakala, en Maui, para meditar y ponernos en conjunción con las nuevas energías del solsticio de invierno. En el grupo había mucha expectación, y cuando ya no pudimos proseguir la excusión en automóvil continuamos nuestra marcha a pie. Tras unos veinticinco minutos de marcha, el líder del grupo se detuvo en un sitio despejado diciendo: «Este es el lugar».

Yo, por mi parte, sentía que debía continuar y así lo hice teniendo en mi mente la imagen de un cráter. De pronto advertí que algunos integrantes del grupo, incluso el líder, me habían seguido.

Algunos rastros de nubes empezaron a oscurecer la visión confiriendo a la montaña la apariencia de un lugar sobrenatural. Cuando llegué al borde del cráter reparé en un trozo de acolchada hierba que parecía estar invitándome a echarme. Toda la montaña estaba ahora cubierta de nubes y la visibilidad se había reducido a apenas unos escasos metros.

Al tumbarme sobre la hierba casi inmediatamente empecé a sentir fuertes oleadas de energía atravesando todo mi cuerpo. Me di cuenta de que otra vez estaba liberando la energía bloqueada a través de mi canal central. Todo mi cuerpo se sacudía violentamente. Varios miembros del grupo acudieron entonces en mi ayuda poniendo sus manos sobre mí para canalizar la energía curativa. Otros se habían sentado a observar. Situado detrás de mi cabeza, el líder del grupo exclamó: «Él posee los códigos para entrar en la novena dimensión».

La experiencia duró unos diez o quince minutos. Al abrir los ojos, la neblina y las nubes habían desparecido dejando ver un radiante cielo azul.

Cuando me levanté, algunas personas se acercaron para comentar lo ocurrido. Enseguida pude advertir que, del mismo modo que cuando ocurre un accidente, nunca hay dos versiones iguales acerca de un hecho. En aquella ocasión varias personas me dieron su propia versión sobre lo que creían que había ocurrido. La más graciosa fue la de un hombre que sencillamente me preguntó cuánto tiempo hacía que sufría de epilepsia.

Mi propósito al referir esto es demostrar que la percepción de un acontecimiento como este está influida por nuestras propias convicciones. Todos elaboramos nuestras propias historias acerca de los hechos de la realidad y buscamos experiencias iguales, que generalmente no son ciertas, para convalidarlas.

Creo que el estremecimiento que experimenté aquel día en la cima del monte Haleakala no había sido otra cosa que una liberación de energía curativa. La razón concreta posiblemente nunca pueda entenderla, lo que sí sé es que las circunstancias adecuadas permitieron que me mostrase abierto y receptivo a aquella energía curativa. Esto me ayudó a confiar plenamente en que podía liberarme de todo lo que me constreñía y oprimía y que mientras menos importancia otorgara a la índole maravillosa de tal circunstancia más rápidamente podría tener otras experiencias similares.

Es muy importante conservar los sentimientos que un hecho nos provoca, ya que si nos estancamos en las percepciones que de él tengan otras personas, especialmente cuando se trata de una experiencia metafísica, podemos extraviarnos.

Han transcurrido siete años desde que tuve mis primeras experiencias de Reiki con June y he aprendido que no puedo definirme como sanador y mucho menos como maestro, pues he oído las quejas de la comunidad Reiki acerca de los abusos que cometen muchos que dicen ser sanadores y maestros, lo cual me ha decidido a mantenerme a distancia.

En aquel Festival de la Mente, Cuerpo y Espíritu que antes he mencionado lo primero que oí acerca de los practicantes de Reiki era que estaban fuertemente motivados por lo económico. Esto resulta a veces una acusación justificada y constituye un problema que ya debería haber sido resuelto por quienes practican este arte de la sanación.

La decisión de practicar la sanación por el método Reiki ha mejorado mi calidad de vida, por lo cual me siento muy agradecido. El Reiki me ha abierto una puerta a través de la cual puedo conectarme con una parte de mí que nunca antes había indagado y que, susurrando desde lo más hondo de mi ser, me había llamado suavemente dando nuevo calor a mi corazón. Esa parte nuestra que en cada uno de nosotros reconoce la misma búsqueda, esa parte que se manifiesta admirada ante la gran belleza que este mundo nos ofrece.

Elegí el Reiki porque sé que su esencia es pura y proviene de lo verdadero. Mi experiencia me ha demostrado que con solo relajarme y poner mis manos sobre una persona dejando que la energía fluya se produce algo muy hermoso y que sin ello mi vida sería mucho más pobre.

Que haya Amor para todos

RICHARD

¿Qué es el Reiki?

Una práctica que no solo cura lo externo, el sufrimiento físico, sino también el sufrimiento interno y el extravío de la humanidad.

DOCTOR USUI

El término japonés Reiki es una palabra que se utiliza para describir el sistema terapéutico conocido originalmente como Usui Shiki Ryoho, o método de Usui, que recibe su nombre del de su fundador, el doctor Mikao Usui.

Pese a que es complejo poder determinar muchos hechos de su vida, parece ser que la profunda espiritualidad y el gran interés por la valiosa información que sobre el cuerpo energético y los chakras contenían los textos sánscritos de la Antigüedad habrían impulsado al doctor Usui a investigar la relación entre los milagros naturales de sanación y la sabiduría de las enseñanzas sánscritas y a desarrollar este sistema.

Siguiendo esa llamada natural para intentar penetrar en la naturaleza de la sanación a través de la energía, el doctor Mikao Usui dedicó el resto de su vida a la investigación de lo que hoy conocemos como método Reiki.

Según la tradición, durante un retiro en el monte Kuri Yama, el doctor Usui tuvo una visión donde se le reveló una forma única de conectar al ser humano con el universo Ki, base de toda la energía curativa o sanación por la energía. El doctor Usui habría visto escritos sobre el cielo una serie de símbolos dorados, acompañados cada uno de ellos por un mantra, y habría tenido la revelación de que, colocados en una particular secuencia en cada uno de los chakras fundamentales del cuerpo sutil, estos símbolos y mantras podían facilitar la apertura de un canal curativo que se expandiría mediante la práctica.

El doctor Usui se dedicó a desarrollar esta práctica durante toda su vida, y el método que hoy conocemos con el nombre de Reiki nos ha llegado tan puro como lo fuera en su mismo humilde nacimiento, a mediados del siglo XIX.

Recientemente se ha podido obtener nueva información sobre los descubrimientos del doctor Usui a través de ciertos manuscritos suyos, traducidos y publicados en sendos libros por el maestro de budismo, el lama Yeshe y el maestro de Reiki Lawrence Ellyard.

El doctor Usui se puso a escribir sobre el tema a los veintisiete años como consecuencia de haber contraído el cólera. Según él mismo relata, en el hospital habría entrado en un estado de semiinconsciencia del que despertó rodeado de un halo de luz dorada en el cual había podido ver a unos seres de luz –Mahavairochana, Amida, el Buda de la medicina, Shakyamuni, otros Budas y Bodhisattvas–. Estos seres le habrían ordenado que una vez que se recuperara debía ponerse a trabajar en la síntesis de los conocimientos de la medicina de Oriente y la de Occidente. Al despertar, Usui se sintió plenamente recuperado.

Esta experiencia fue el origen del trabajo que desarrolló durante toda su vida, que consistió en estudiar y perfeccionar el sistema terapéutico –perdido durante tanto tiempo– que le fuera revelado por el *Buda Shakyamuni*.

En el capítulo «Reiki, una historia moderna» he incluido por mi parte más extractos de estos manuscritos.

El Reiki se ha hecho popular en el mundo entero por su sencillez y simplicidad. Normalmente su enseñanza se ha transmitido por tradición oral y su base es la iniciación o transmisión de la energía del maestro al discípulo.

El estudio de este método se basa en la experiencia con la energía que emana de nosotros mismos. Una vez que la persona es consciente de la existencia de la energía universal y de la propia capacidad para utilizar esta energía curativa, ello no se convierte en una simple creencia, sino en una experiencia firmemente anclada, en una sabiduría que permanece en él toda la vida.

Actualmente la gente tiene un mayor conocimiento de las medicinas alternativas así como también de las enfermedades, y cuanto más consciente es, más partidaria se muestra de la medicina preventiva, la cual recomienda vivir sanamente antes de esperar a padecer una enfermedad. Así, la gente tiende cada vez más a alejarse de los tratamientos médicos que solo la hace sentirse sin poder ninguno.

Se sabe que el Reiki mejora muchos síntomas físicos allí donde otros métodos terapéuticos fallan y que, como funciona en varios niveles, la terapia puede ir acompañada de una mayor conciencia de la causa de esos síntomas. Sería deseable que se reconociese la fundamental importancia de considerar la posibilidad de que el Reiki y otras terapias complementarias pudieran incluirse en el sistema médico actual y que pudieran actuar conjuntamente, sin amenazarlas, con las terapias existentes.

Para una mejor comprensión, el nombre de este método puede dividirse en dos sílabas: rei y ki.

La primera sílaba significa en japonés dios, creador o espíritu, y la segunda, energía o poder.

Rei: Es el término usado para describir la mente y expresión creativa de Dios: «Todo lo que es», lo manifestado y lo no manifestado; la maravilla de ser conscientes dentro de un cuerpo humano, y de ser capaces de observar el espacio y maravillarse de poder ver el pasado desde sus mismos orígenes, el *big bang*. Todo es «Rei»: todo lo que vemos, olemos, tocamos y sentimos. Rei es creación y al mismo tiempo el saber en lo profundo de nuestro corazón que formamos parte de él. Es esta una forma de definir a Rei.

Ki: Es la energía vital, la fuerza energética que nutre y alimenta todo lo creado, que anima todo, desde un pequeño ratón hasta la explosión de las estrellas en el universo. En otras tradiciones se la conoce como *prana* o *chi*.

El Ki fluye a través de los *nadis* o canales de nuestro cuerpo electromagnético proporcionándonos, literalmente, la energía necesaria para vivir. Mediante la cámara Kirlian es posible fotografiar el Ki. Cualquier cosa viva que fotografiemos siempre tendrá a su alrededor un campo electromagnético.

Definiendo la esencia del Reiki

Reiki es esencialmente amor. Cuando practico Reiki una poderosa energía fluye a través de todo mi cuerpo inundando con gran calor mi corazón. Esta energía es de tal modo tangible que muchas veces me parece estar pintando o esculpiendo con una luz llena de amor. La forma exacta de definir la esencia del Reiki es compararla con un «viviente océano de energía». Se trata de una fuerza inteligente que sabe cuándo y dónde se la necesita.

Cualquier persona puede aprender la práctica del Reiki, ya que cada uno de nosotros está íntimamente conectado con el universo. La capacidad para desarrollar esta práctica se enseña a través de tradición oral mediante la iniciación que el maestro da al discípulo, siguiendo las enseñanzas originales proporcionadas en el siglo XIX por el gran maestro doctor Mikao Usui.

El Reiki es un instrumento esencial para el autoconocimiento y la transformación personal y proporciona al discípulo la base necesaria para poder liberarse de los problemas del pasado. Se trata de una terapia no intrusiva que no necesita que el paciente se desvista, ya que funciona a través de la ropa e incluso, en caso de accidentes, a través del yeso. Es una forma de sanación que puede ser utilizada conjuntamente con otras terapias, que no tiene vinculación con religión, dogma o práctica religiosa alguna y puede ser aprendida por cualquier persona perteneciente a cualquier religión o nivel educativo.

El Reiki no se basa en creencia, fe o sugestión alguna, sino en la experiencia directa de quienes la practican.

EL REIKI ES:

- Un sistema de sanación energética que utiliza, dirigida espiritualmente, la energía viva.
- Un instrumento esencial de autoconocimiento y transformación personal.
- Una terapia no intrusiva.
- Practicado en todas partes del mundo.
- Una continuación de los conocimientos aportados a finales del siglo XIX por el gran maestro doctor Usui.

- Un homenaje al linaje del doctor Usui.
- Utilizado tanto en hospitales como en la práctica privada y en programas de autoayuda.
- Utilizado en combinación con otras prácticas terapéuticas.
- Un maravilloso sistema complementario de autocuración o de autoayuda.

EL REIKI NO ES:

- Una religión.
- Ni un culto.
- Ni está basado en ningluna religión o práctica religiosa.
- Ni en creencia, fe o sugestión alguna.

Los cinco principios

En el Reiki existen cinco principios espirituales dictados por el fundador del sistema, el doctor Mikao Usui, que siguen enseñándose en todo el mundo para recordar a los maestros de este sistema de sanación lo que es verdaderamente importante. A lo largo de este libro iré mostrando el significado de estos cinco principios:

> *Solo por hoy no te preocupes.*
> *Solo por hoy no te enfades.*
> *Honra a tus padres, maestros y ancianos.*
> *Gánate la vida honestamente.*
> *Muestra tu gratitud por todo.*

El linaje

> *La vida es en sí misma el eslabón de una cadena o el murmullo del fluir de mi arroyo junto a las piedras.*
>
> DOCTOR USUI

Hay muchas técnicas que utilizan la transmisión de la energía para curar, una de ellas es el Reiki. Resulta difícil explicar qué es lo que lo distingue de otros sistemas de curación energética, como la sanación espiritual, la pranaterapia o el *shen*, prácticas de las cuales he tenido alguna experiencia, en distintos lugares del mundo, a través de algunos sanadores que nunca recibieron la iniciación en Reiki.

El doctor Usui había hallado información técnica sobre la sanación energética en textos anteriores al Reiki en miles de años. Con mayor o menor profundidad, todos los sistemas de sanación energética se refieren a los chakras y al cuerpo energético. Yo necesitaba entender qué era lo que diferenciaba al Reiki de todas esas otras técnicas. Afortunadamente, en 1996 conocí a Laura, que trabajaba como médium y era miembro hacía más de treinta años de la Federación de Sanadores Espirituales.

Había invitado a Laura a recibir un tratamiento de Reiki para saber qué opinaba. Después de haber recibido el tratamiento, me aseguró que la energía empleada era la misma que utilizaba ella. La diferencia radicaba, según Laura, en que para apoyar el trabajo de Reiki acudían guías y ayudas espirituales. Se trataba de una experiencia completamente nueva para ella. Me dijo que algunos de aquellos guías parecían ser maestros sanadores muy antiguos, que ella no conocía, y me agradeció su iniciación en Reiki, pues sentía que se le había abierto una nueva puerta.

Existen muchas puertas en la búsqueda y aprendizaje del uso de la energía curativa. Creo que lo ocurrido con Laura me hizo entender que la puerta específica que conduce al Reiki nos pone en contacto con ayudas, o guías espirituales, si se quiere que trabajen solo con Reiki –grandes maestros como su fundador los doctores Mikao Usui, Chujiro Hayashi y Hawayo Takata.

Al recibir la iniciación en el Reiki nos conectamos con este grupo de guías, que se convierten así en nuestro linaje, y cuando trabajamos con la energía ellos acuden para organizar todo el proceso de sanación.

Suele ser muy común que las personas que reciben un tratamiento de Reiki afirmen —a pesar de ser una sola persona quien les trata— haber sentido que sobre ellos trabajan más de un par de manos.

Me resulta curioso observar que estas personas, que sienten concretamente tales presencias, no siempre se den cuenta de que no solo están sugiriendo la presencia de seres angelicales, sino que han recibido también la confirmación de su propia capacidad de percibir los mundos angélicos. Creo que la introducción sutil a esa conciencia, el ayudar a que la gente pueda decir: «¡He sentido la mano de un ángel sobre mi pierna!», es lo más interesante en la enseñanza del Reiki.

Tres meses después de haber recibido mi iniciación tuve una experiencia en Escocia que me confirmó definitivamente mi relación con el linaje del Reiki y su guía espiritual. Estaba sentado en mi cama y puedo asegurar que sentí claramente que había alguien sentado a mi derecha. Tuve una sensación de gran calor, muy parecida a la que siento cuando curo. Al preguntarme a mí mismo quién era aquel ser junto a mí, inmediatamente acudió a mi mente el nombre de Hawayo Takata. Normalmente hubiera ignorado este hecho si al día siguiente no hubiese tenido que tratar a Elvira, muy conocida por su capacidades psíquicas. Elvira nunca había sido tratada con Reiki ni tenía ninguna información sobre este método.

Después de recibir mi tratamiento, Elvira me preguntó si el nombre de Hawayo Takata significaba algo para mí. Le respondí que sí, que se trataba de la última en la cadena de los grandes maestros de Reiki. ¿Por qué me lo preguntaba? Elvira me respondió: «Está aquí presente y quiere que sepas que estás haciendo un gran trabajo y que siempre que los invoques, ella o uno de sus hermanos acudirá».

Desde que obtuve mi iniciación siento cada vez más la presencia de estos guías espirituales y me produce un gran bienestar saber que están ahí, siempre presentes.

Durante el tiempo que viví en Londres tuve mi propia consulta en una clínica de Chelsea. Cada día realizaba en esta sala de consulta un ritual para crear un espacio de sanación e invocar a los guías espirituales. Con el paso del tiempo ya no necesité invocarlos, pues los guías estaban allí, presentes, en aquella habitación. Esta tenía tanto poder que pude comprobar cómo afectaba a las personas que acudían a mi consulta, y muchas veces me pregunté si mi intervención era necesaria o si era mejor hablar durante una media hora y dejar luego que la energía de la habitación trabajara por sí misma.

Entendiendo al espíritu

> *La más grande sabiduría parece una tontería. La más grande elocuencia parece un tartamudeo.*
>
> LIN YUTANG

Solo en muy raras ocasiones he escuchado una voz que me hablaba al oído, y cuando esto ha ocurrido siempre he dudado, preguntándome si eso no era producto de mi imaginación.

Cuando recibo un mensaje claro, ya sea durante una sanación o simplemente en la rutina cotidiana, este se manifiesta como un conocimiento absoluto que llega a mí sin haberlo buscado. Cuanto más busco e insisto para obtener *flashes* intuitivos o sentir la presencia de un guía, me parece que me vuelvo más ciego. Ha habido excepciones, aunque solo se dieron en situaciones delicadas en mi vida en las que toda mi existencia se hallaba inundada por la guía del espíritu.

La guía puede presentársenos de muy diversas maneras: como símbolos, sonidos o sentimientos, encuentros casuales, la letra de alguna canción, etcétera. Podemos encontrarla, por ejemplo, mientras estamos recibiendo una tarjeta de visita o meditando sobre una cuestión determinada. Lo importante es nuestra actitud de apertura para recibirla. Cualquiera que sea la manera en la que se aparezca, la guía tiene que ir acompañada de un conocimiento, debe haber igualdad entre la conciencia interna y la experiencia exterior.

Cuando estoy en contacto con la naturaleza me siento más conectado con la energía, y por ello es por lo que Hawai es el lugar en que mejor puedo conectarme con el Espíritu y sentir la constante presencia de los guías espirituales.

Cierta noche, yo y mi gran amigo Mathew intentábamos encontrar en Maui un centro de retiro en el que estaba alojaba un grupo de sanadores de la tierra. Como disponíamos de poco dinero habíamos alquilado un antiguo coche en el que también dormíamos.

Ese mismo día por la mañana nos habíamos preguntado cómo haríamos para encontrar a aquel grupo. Pero, de pronto, sentí que debíamos ir a una playa nudista de la que había oído hablar. Al principio, creyendo que mi propósito era otro, Mathew se negó, pero finalmente fuimos hasta aquella playa. Al llegar, un perro se puso a ladrar. Me acerqué al animal y le hice unas caricias.

—¿Es suyo? —*le pregunté a la mujer que tomaba sol tumbada junto al animal.*
—No, es del dueño del centro de retiro en el que me alojo.

Le pregunté cómo se llamaba el centro. La mujer me dio el nombre. ¡Eureka!, lo habíamos encontrado. Nos dio la dirección y hacia allí nos dirigimos rápidamente, ya que al día siguiente queríamos unirnos al grupo de meditación en el monte Haleakala.

Al llegar a la zona donde estaba ubicado el centro era ya muy tarde. Habíamos hecho averiguaciones en el pueblo más cercano y, aunque nos hallábamos en la zona, nadie supo orientarnos.

La carretera estaba rodeada de mucha vegetación y parecía interminable. De pronto nos detuvimos y decidimos poner a prueba nuestro intuitivo sentido de la orientación del Reiki rogándole: «Por favor, cuando lleguemos háznoslo saber». Anduvimos durante unos veinte minutos hasta que llegamos a un sitio que parecía hallarse en medio de ninguna parte. Sin embargo, ambos exclamamos al mismo tiempo:

«¡Es aquí!» Nos detuvimos y descendimos del coche. Bajo el lejano resplandor de los faros pudimos ver una solitaria señal con el nombre del centro grabado en un pequeño trozo de madera puesto a modo de indicador. ¡A esto le llamo tener orientación!

Iniciaciones

> *Yo, Usui, soy un río que fluye a través de muchos meandros del pasado hacia el futuro. Sin embargo, soy el mismo río en el pasado en el presente y en el futuro.*
>
> DOCTOR USUI

Iniciar significa comenzar algo nuevo. En el caso del Reiki la iniciación significa la apertura de un nuevo potencial, de una nueva forma de observar, sentir y experimentar la vida. La iniciación posibilita nuestra conexión con la Inteligencia Universal y la Energía Universal que sustenta la creación de esa inteligencia. Este primer contacto consciente con la energía espiritual puede producir notables cambios en la forma en que vivimos nuestra vida y convertirse en la base de nuestra transformación y crecimiento espiritual.

Mucha gente aprende el Reiki, pero pocas son las personas que se dedican a su enseñanza. Son muchos los que se contentan solamente con tener Reiki en sus propias vidas y utilizar esta energía en su vida cotidiana.

Cualquiera sea nuestra vocación, el Reiki puede actuar como un catalizador de profundos cambios y la iniciación constituye la base de nuestra íntima conexión con la Energía Universal que sustenta esos cambios.

En los tres niveles del Reiki, el maestro da una iniciación o una secuencia de iniciaciones para adaptar al discípulo a las lecciones prácticas que va a recibir. El maestro da las iniciaciones, coloca los símbolos en el sistema energético principal del discípulo concentrándose en el chakra de la cabeza (o de la fontanela), el «tercer ojo», el chakra del corazón y el chakra base. También coloca símbolos en las manos y en los pies, en los que hay chakras secundarios, lo cual permite al discípulo canalizar la energía a través de sus manos y permanecer afianzado en la Tierra. El maestro actúa como canal para que la energía pase a través suyo y del discípulo permitiendo que ambos, maestro y discípulo, se beneficien con el flujo de la energía que pasa a través de ellos.

Según mi experiencia, las iniciaciones constituyen una sanación de enorme poder que actúa sobre el canal energético central. Al pasar a través del canal la energía se expande y el centro del corazón se inunda de energía. Esta abundancia de energía fluye entonces hacia abajo, hacia los chakras de las manos.

Según el sujeto, puede que experimente un gran calor en el corazón, o a través de toda la columna vertebral o bien puede que sienta el cuerpo muy pesado. También es posible que vea colores muy intensos, especialmente tonos dorados, violetas, rosados y verdes. O bien, puede que sienta o perciba que hay más de una persona presente en la habitación o una sensación de calor en los hombros o en los pies, como si alguien se los cogiera. Otros sujetos cuentan haber tenido visiones de lugares lejanos, o bien recuerdos de haber estado en otros sitios. A veces el discípulo ha podido ver a los grandes maestros de Reiki conectándose con el maestro que lo está iniciando. Muchas personas experimentan una gran paz y deseos de no abrir los ojos y no volver a la realidad.

Cada experiencia es única. Es importante asimismo recordar que depende de la disposición del sujeto. Hay personas que tienen experiencias extraordinarias y otras no, pero su capacidad para canalizar el Reiki no depende de tales experiencias.

Después de la iniciación se necesita tiempo para integrarla. Concédase, entonces, tiempo para ello: túmbese y ponga sus manos sobre el chakra del corazón y sobre el plexo solar. Esto le ayudará a mantener el flujo de energía y dar tiempo al cuerpo de equilibrarse.

Es bastante común que al principio uno no se sienta demasiado bien y los síntomas más comunes suelen ser dolores de cabeza y náuseas. Esto se debe casi siempre a la incapacidad del sujeto para relajarse y permitir que surjan las emociones. En caso de que esto ocurra, la forma más rápida y efectiva de encontrar alivio es tumbarse boca abajo y pedir a otra persona que ponga sus manos por encima de la columna vertebral. Usted podrá sentir la energía recorriendo toda su columna vertebral o bien pequeños espasmos al liberarse la energía bloqueada. Si se sienten náuseas, hay que echarse boca arriba y pedir a alguna persona que ponga sus manos por encima del bajo vientre y del centro del corazón, hacer una serie de respiraciones abdominales profundas y relajarse. Puede que sienta un nudo en la garganta a causa de las emociones experimentadas. La regla es que generalmente las cosas empeoren antes de mejorar. Si la experiencia resulta muy intensa, hay que intentar relajarse y dejarse llevar.

Lo que se experimenta durante y después de la iniciación

>Visión de colores intensos.
>Sensación de calor en el corazón y en las manos.
>Un profundo sentimiento de paz.
>Visiones.
>Necesidad de dormir.
>Sensibilidad extrema.
>Liberación emocional.
>Dolores en el cuello y en la columna vertebral.

Ideas que hay que abandonar

> *Todas las cosas provienen de un gran vacío y retornarán al mismo. Todo vuelve. Lo única cosa permanente es la mente del Buda, que penetra todo lo que existe.*
>
> DOCTOR USUI

Una creencia común que puede ayudarnos al explorar el mundo de la energía es que «no existe nada que no podamos experimentar con nuestros cinco sentidos». Podemos reforzar aún más esta convicción si continuamos proyectándola como único patrón de la realidad. Para poder experimentar verdaderamente la realidad primero tenemos que rendirnos a la idea de que ella puede comunicarse con nosotros de maneras fuera de lo habitual. Hay maneras que pueden ayudarnos a ser más receptivos a la realidad. La más sencilla es sumergirnos en la naturaleza porque ella es real, y si nos concedemos tiempo para estar en la naturaleza, los patrones imaginarios que tenemos de ella se disuelven y se alejan de nuestra mente.

En este mundo de ganadores y perdedores es muy difícil olvidar que somos nosotros mismos quienes hemos creado estas ilusiones que nos impiden estar en paz con nosotros mismos y experimentar realmente la naturaleza.

El darnos cuenta que existen muchas cosas más allá de los cinco sentidos actúa sobre nuestro cuerpo emocional o afectivo provocando nuestro despertar.

Como toda mente conformada por ideas o creencias muy rígidas, el cuerpo emocional conserva un patrón mecánico para enfrentarse a la rigidez de la realidad creada por nosotros. Si abandonamos las restricciones de la realidad mental, abrimos las esclusas del mundo emocional al que estábamos tan ligados y comenzamos a dejarnos llevar para poder expresarnos libremente. Siempre hay algo que toca nuestro corazón recordándonos nuestra verdadera naturaleza, lo cual provoca una respuesta emocional que nos permite abandonar los patrones equivocados posibilitando, una vez despojados de ellos, nuestra libre expresión.

Primer nivel de Reiki

Antes de curar a otras personas es preciso curarnos a nosotros mismos, alcanzar un equilibrio en nuestra propia vida.

Doctor Usui

Nuestra primera clase de Reiki nos pone en contacto por vez primera con nuestra capacidad para curar. Durante el curso, que suele durar un fin de semana, se pueden debatir los viejos conceptos e ideas sobre la realidad. Por esta razón, la decisión de tomar un curso de Reiki resulta una experiencia que nos abre los ojos –una nueva forma de vernos y sentirnos a nosotros mismos y al mundo que nos rodea–. La asimilación de esta experiencia depende de cada persona.

El primer nivel de Reiki es el comienzo de un viaje por el mundo de la energía que nos ayudará a abandonar conceptos e ideas rígidos que pueden ser obstáculos para poder entender este mundo.

Cualquier expectativa acerca de esta experiencia solo servirá para bloquear la posibilidad de tener una verdadera experiencia. Es mejor tener una actitud abierta y de juego, dejando que la energía hable por sí misma.

La experiencia de este primer nivel de Reiki depende de la capacidad del discípulo para dejarse llevar.

Como naturalmente queremos quedarnos siempre dentro de lo que nos es familiar, yo intento que la persona que participa de este curso sepa lo menos posible acerca de lo que va a suceder, evitando así que tenga un plan de escape.

Cuando recibimos la iniciación en el Reiki, esta familiaridad es generalmente cuestionada. Esto no significa que el Reiki sea algo estresante o extraño, sino que lo que puede resultarnos dificultoso es el abandonarnos, el dejarnos llevar.

En el primer nivel de Reiki se aprenden tres formas de tratamiento basadas en el sistema de los chakras: tratamiento total, tratamiento breve y autotratamiento. El tratamiento siempre se realiza desde la cabeza hacia los pies.

Al trabajar con el primer chakra, que corresponde a la cabeza, se induce al paciente a un grado de total relajación que le provoca sueño y que no difiere del periodo REM (movimiento rápido de ojos) del sueño.

La mayoría de las personas que reciben esta forma de tratamiento experimentan el periodo REM y afirman tener visiones. Una vez que la mente ha entrado en este estado permite que el cuerpo se relaje y deje de autodefenderse de los problemas.

Cuando doy comienzo a esta forma de tratamiento siempre les digo a mis pacientes que es preciso seguir determinadas instrucciones que está bien aprender, siempre y cuando no nos hagan perder nuestra intuición.

Con el tiempo podemos llegar a saber qué parte de nuestro cuerpo necesita ser tratada, y deberíamos tratarla sin preocuparnos demasiado por las instrucciones. Es importante aprender a escuchar esas claras señales de nuestra intuición y confiar en ellas.

Este primer nivel de Reiki nos proporciona una forma sencilla y segura de investigar la energía curativa. Una vez que adquiramos confianza y aprendamos a cómo mover la energía, con la práctica podemos dejar de lado las instrucciones y explorar la energía sin estructuras rígidas. Si nos perdemos, siempre podemos recurrir a las instrucciones.

Pese a que el Reiki es algo muy serio, creo que el primer fin de semana de enseñanza del nivel uno tiene que ser divertido y sobre todo un viaje experimental por el Reiki. Es mediante la experiencia directa como se puede aprender, y por ello es necesario elegir cuidadosamente el maestro de Reiki, y antes de elegir uno aconsejo recibir de él un tratamiento como forma de asegurarnos de que nos gusta su manera de curar. Si es así, es probable que compartamos la misma forma de enseñar. Lo más importante es tener una buena relación con él y que ante su presencia nuestro corazón se ensanche.

El Reiki es algo sencillo, y la forma en que es enseñado debe reflejar esa sencillez.

El campo energético

> *Cuando la luz inunda todo el cuerpo, nos aferramos a él cometiendo el error de confundir al cuerpo con el ser, pensando que el mundo es diferente del ser.*
>
> Shri Ramana Gita

Según la teoría del doctor Usui, el medio a través del cual nos expresamos y nos comunicamos conscientemente con el mundo físico está constituido por el cuerpo físico, el cuerpo etérico, el cuerpo emocional, el cuerpo mental, la intuición y el deseo. Estas seis capas abarcan una escala vibratoria que va desde lo físicamente denso hasta lo sutilmente intuitivo y están atravesadas por siete centros vibratorios principales conocidos con el nombre de chakras, que constituyen el punto central para la transmisión de la energía Ki a través de todo el sistema.

Una de las funciones de este campo energético está relacionada con el intercambio sensorial y nos ayuda a funcionar en el mundo proporcionándonos la información energética del mundo mental, el mundo emocional y el mundo físico.

Según donde se origine, la información varía concretamente de lo obviamente grosero a lo delicadamente sutil. Esta interacción se produce en todos los niveles.

Todo lo que se produce mediante una acción tiene siempre una intencionalidad que actúa como fuerza motivadora.

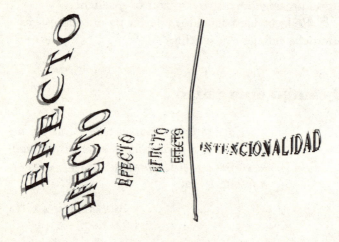

INTENCIONALIDAD

Esta fuerza produce un impulso que determina la intensidad con que esta acción afecta al cuerpo físico. Si la observamos energéticamente, podemos ver que esa intencionalidad puede estar constituida por creencias y sentimientos muy poderosos. Cuando una acción es sustentada por tales pensamientos y sentimientos, lo que a través de la acción pasa al mundo físico son precisamente esos pensamientos y sentimientos. Si la intención está basada en el miedo, la energía que se transmite al cuerpo físico a través de la acción es ese miedo. Por el contrario, si nuestra intención es amar, naturalmente el amor emana de nosotros y todos nuestros actos estarán impregnados por él.

Los vehículos

EL CUERPO FÍSICO

Nuestro cuerpo físico está formado por materia sólida, líquidos y gases que constituyen el sistema del cuerpo humano –esqueleto, sistema muscular, sistema sanguíneo, sistema nervioso, sistema linfático, sistema inmunológico, sistema digestivo y sistema endocrino– y que hacen que nuestro cuerpo funcione sanamente.

La energía Ki que fluye a través del cuerpo energético determina la vitalidad del cuerpo físico. La falta de flujo de energía es el resultado del mal funcionamiento de las funciones vitales.

El sistema endocrino está situado en la misma posición de los chakras y es el vehículo por el cual la energía (Ki) es absorbida por el cuerpo físico y distribuida a los órganos vitales.

EL CUERPO ETÉRICO

El cuerpo etérico transporta, chakra por chakra, el flujo del Ki a través de canales conocidos con el nombre de *nadis*. Estos canales son como pequeños arroyos que aseguran que la energía fluya por todo el sistema.

Si el cuerpo físico está sano y con mucha vitalidad, esto se refleja en el campo etérico que lo rodea. Una enfermedad en el cuerpo físico se manifiesta como un agujero o como energía que fluye de forma errática por el campo energético. Si tenemos problemas o estamos deprimidos, este campo energético se verá afectado negativamente.

EL CUERPO EMOCIONAL

El cuerpo emocional refleja inmediatamente la carga emocional que experimenta una persona. Si nos sentimos alegres y gozosos o tristes y enfadados, nuestro campo emocional lo reflejará, ya que es como un almacén tanto de las buenas como de las malas experiencias.

Además de las experiencias emocionales inmediatas, los viejos patrones emocionales no resueltos se conservan en ese almacén en el que cualquier temor o conflicto del pasado es retenido y transmitido a través de los chakras en forma de mensajes inconscientes al mundo exterior. Lo que está arraigado en el cuerpo emocional es comunicado energéticamente como consecuencia del equilibrio o desequilibrio interior del sujeto. Además, se establecen patrones de comportamiento inconscientes y comenzamos a atraer personas, situaciones y experiencias que reflejan nuestros miedos inconscientes convalidando su existencia. El mundo se convierte en un espejo de nosotros mismos, en el espejo donde observar nuestro ser inconsciente.

EL CUERPO MENTAL

De forma muy parecida a la forma en que opera el cuerpo emocional, el cuerpo mental refleja nuestro estado mental actual. Cualquier cosa en que se concentre la mente en determinado momento tiene un poder muy fuerte en nuestro estado anímico. Deducimos de esto que el sistema energético opera como un ente total y no como partes separadas. Esto puede comprobarse con solo pensar en algo que nos ha hecho daño: al poner la atención en ese hecho, uno se empieza a sentir mal. Lo mismo puede decirse respecto a los pensamientos alegres. Cualquiera sea nuestro enfoque mental, influye en nuestro estado de ánimo.

La mente está llena de patrones de creencias e ideas, incluso acerca de nosotros mismos y de nuestras capacidades, que se han ido formando a lo largo de toda nuestra vida y que son el reflejo de nuestra cultura, religión y educación.

El cuerpo emocional y el mental son transmisores y receptores, pero el cuerpo mental opera en un estado vibratorio más alto. Los pensamientos de la mente consciente e inconsciente se proyectan al exterior y su efecto, según el contexto, será diferente.

Podemos utilizar la mente para visualizar nuestros sueños, visiones y aspiraciones, así como también nuestros prejuicios, intolerancias y limitaciones.

La energía mental es menos concreta –hasta el momento en que reconocemos su firma– que la emocional. Después de pasar un largo periodo de descanso en contacto con la naturaleza, al regresar a la ciudad podemos observar cómo la mente, que estaba tan clara, empieza a llenarse de pensamientos extraños. Es como si se produjera una invasión mental, como si recibiéramos un bombardeo de descargas sensoriales.

Una corta estancia en una gran ciudad nos demuestra la naturaleza tangible de las sutiles descargas mentales que recibimos. Así, empezamos a tener pensamientos que no parecen pertenecernos, y si permanecemos durante un periodo más largo podremos oír como fondo de nuestros pensamientos perturbados un incesante parloteo que reemplaza la tranquilidad de nuestra mente.

De este modo experimentamos la capacidad de la mente humana para recibir los pensamientos que prevalecen a nuestro alrededor. Es importante el estar atento a los pensamientos que absorbemos: si nos pasamos el día entero concentrados únicamente en todos los problemas que afectan al mundo, leyendo los periódicos y viendo las noticias, esto se convertirá en nuestro campo mental. La mente es un vehículo poderoso y es aconsejable utilizarla siendo conscientes de qué es lo que dejamos entrar en ella.

EL CUERPO VOLITIVO

Generalmente el cuerpo volitivo no suele incluirse en la descripción de la anatomía sutil. Algunas teorías sostienen que los chakras correspondientes a la parte frontal del cuerpo humano constituyen los centros del sentir, y los chakras que corresponden a la parte trasera son los centros de la voluntad o volitivos.

La voluntad es la energía que utilizamos para mantenernos concentrados en hacer algo específico. Es lo que le permite a un corredor de fondo acelerar en los últimos doscientos metros de la carrera para poder lograr el triunfo. Para conseguir una meta, nuestra voluntad puede superar las limitaciones físicas, emocionales y mentales.

El cuerpo volitivo es el representante de nuestras elecciones y por esta razón está vinculado al ego.

EL CUERPO INTUITIVO

El cuerpo intuitivo recibe los estímulos de una manera más sutil, y la información que recibimos de este modo siempre aparece como una información interna. Un rayo o imagen acompaña casi siempre estos sentimientos intuitivos que nos hacen saber algo de repente sin que medie comprensión racional alguna. Cuando actuamos de forma intuitiva, generalmente nos suele sorprender el aparente efecto sincrónico que tiene en nuestras vidas.

Cuando decidimos no escuchar estos impulsos casi siempre lamentamos no haberlos hecho. Pero para interpretar la información proveniente de nuestra intuición es preciso estar receptivos. Debemos escuchar esos sentimientos internos, seguir las señales que nos proporcionan y atrevernos a actuar de esa forma impulsiva que nuestra mente suele considerar alocada.

Cuando decimos de alguien que es muy intuitivo queremos significar simplemente que esa persona presta atención a los signos provenientes de su cuerpo energético. Todos tenemos la capacidad de ser intuitivos, pero muchos de nosotros no escuchamos ni confiamos en lo que sentimos.

Fusión

Cierto día vi un programa televisivo sobre las tortugas, que saben cómo regresar a la playa en que nacieron para depositar allí sus huevos. Cuando estos eclosionan, las pequeñas tortugas salen del cascarón y se dirigen inmediatamente hacia el mar y no retornan a esa playa hasta que son adultas y están preparadas para desovar.

¿A qué es debido que solo los seres humanos somos quienes necesitamos de los mapas? ¿Podemos imaginar a una tortuga deteniéndose a solicitar direcciones?

Ciertamente, en la actualidad muchos actuamos mediante nuestra mente racional, ignorando casi siempre nuestros instintos intuitivos, pese a que confiamos en ellos más de lo que creemos, especialmente cuando nos encontramos en un lugar que no nos es familiar.

Cuando cambia nuestro entorno físico, la energía que lo constituye cambia con él. Cada país tiene diferentes lenguas, climas, cultura, comidas, costumbres, creencias y formas de comportamiento. Las distintas partes del mundo tienen sus cualidades peculiares: el este de África, por ejemplo, es, literalmente, otro mundo, si se lo compara con el sur de Inglaterra.

Cuando nos encontramos por primera vez en otro ambiente, los deliciosos platos que nos presentan bombardean nuestros sentidos; nuestro comportamiento empieza a cambiar sutilmente y nuestro lenguaje corporal se mimetiza con el de las personas de nuestro alrededor en un intento de pasar desapercibidos.

Si no hablamos la lengua del lugar en el que nos encontramos dependemos del contacto, de la vista, de los gestos y de nuestro buen humor para hacernos entender. Empezamos, así, a depender de nuestro instinto y de la información que nos proporciona nuestra intuición. Olemos la comida antes de comerla, exploramos el medio ambiente para orientarnos y poco a poco nos vamos sintiendo más cómodos, adecuándonos al ritmo de nuestro entorno. A esto le llamo «fusión».

Actuamos así constantemente, sin darnos cuenta, y esta actitud quizá nos presenta nuevas creencias que disuelven nuestras antiguas convicciones o nos permite experimentar nuevas emociones.

Al regresar a nuestro hábitat nos damos cuenta de cuánto hemos cambiado. Lo que antes nos era familiar nos resulta ahora extraño. Otra vez percibimos intuitivamente nuestro entorno original y volvemos a establecernos en él. Es un proceso natural de equilibrarnos y adecuarnos a nuestro entorno, dependiendo de nuestra naturaleza intuitiva e instintiva para comunicarnos con él. Si vivimos en el campo, volvemos a ser rurales, mientras que en la ciudad volvemos a ser criaturas urbanas. Esta forma de comunicación sutil se produce energéticamente y puede ser perfeccionada como un instrumento de alta precisión que nos permite sumergirnos en nuestro entorno y navegar por él.

Comunicándonos con los campos energéticos

¿Ha observado alguna vez una medusa? Cada vez que se contrae, una oleada de color fluye por ella desde su interior hacia fuera. Imagine que cada vez que sentimos, queremos o deseamos algo, una pulsación energética sale de nosotros.

Cuando nos sentimos sensibles, enfadados, tristes, alegres, carenciados, *sexys*, cansados, agresivos, indiferentes, vigilantes, deprimidos, temerosos, alocados o aburridos, las personas a nuestro alrededor lo percibirán porque eso es lo que estamos transmitiendo energéticamente.

Cualquiera sea lo que esté ocupando nuestro cuerpo energético, lo comunicamos. Así, cuando conocemos a una persona, además de relacionarnos con ella a través de nuestros cinco sentidos, establecemos también una comunicación sutil –el percibir las buenas o malas vibraciones de la otra persona.

Cuando nos sentimos bien con nosotros mismos enviamos una pulsación energética que lo comunica a la gente a nuestro alrededor. Si estamos realmente enojados, todo nuestro cuerpo sutil está diciendo: «¡Atención, no acercarse; si me provocan, puedo explotar!». Toda persona siente esto, aun cuando no asocie estos sentimientos con su capacidad de percibir la energía sutil.

Desarrollando la percepción real

> *¿Cómo consiguieron los grandes mares y los grandes ríos su prevalencia sobre los centenares de cursos más pequeños? Alcanzaron su soberanía mediante su humildad.*
>
> Lin Yutang

En la lista de deberes de una persona que aspira a la espiritualidad, la capacidad de «ver» el aura de las personas apenas es superada por la de poder levitar o caminar sobre el agua. Esto es, por supuesto, una broma, porque se trata de uno de esos regalos que tanto anhelan los buscadores en este mundo. ¿Por qué? ¿Tal vez porque así pueden tener más poder?

Si alguien afirma poder ver el aura de las personas, todos querremos saber cómo es nuestra aura. Si esa persona nos dijera que tenemos un campo energético muy oscuro, puede arruinarnos el día, pero ¿cómo saber si eso es o no verdad?, ¿cómo saber si se trata de algo bueno, algo que podemos utilizar? Desgraciadamente, cuando nos ocupamos del mundo sutil la mayoría de las personas confiamos un poco ingenuamente en cualquier información que recibimos de fuera. Solo porque alguien afirme que puede ver nuestro campo energético no significa que ello sea verdad.

Desarrollar el sentido intuitivo es aprender a escuchar y confiar más en nuestros propios impulsos. Nuestra capacidad de experimentar el mundo sutil a nuestro alrededor es limitada porque en el mundo actual no se le concede demasiada credibilidad.

Pasamos nuestros años de formación desarrollando nuestra mente racional. Cuando era pequeño, en la escuela nunca me enseñaron nada acerca de nuestra anatomía sutil, jamás recibí clases sobre meditación, chakras ni sobre masajes. Sin embargo, para un niño completamente abierto a cualquier experiencia y tan lleno de interrogantes, ¿no hubiera sido más sensato equilibrar con otras alternativas los contenidos curriculares que se le impartieron?

Si desarrolláramos nuestro conocimiento sobre la función del cuerpo sutil, podríamos ver que todos tenemos la capacidad de percibir la energía.

Una inversión personal

A lo largo de toda nuestra vida hemos recogido experiencias que nos definen. Nuestro cuerpo energético es como un arca que contiene todo aquello que hemos decidido conservar en este viaje que llamamos vida.

Cada recuerdo, cada hecho, todo lo que nos ha hecho daño, todo lo que nos ha proporcionado alegría, todo aquello que hemos aprendido y recordamos ha sido reunido allí convirtiéndonos en quienes somos.

Solemos atiborrar nuestra arca creyendo que debemos tenerla totalmente llena, pues de lo contrario no somos nadie.

Cuando conocemos a otra persona, recurrimos a esta arca para describirnos. Pero ¿cuánto de lo que hay en el arca nos representa verdaderamente? ¿Nos sentimos realmente cómodos al saber que lo que define quienes somos es esta colección de recuerdos, emociones, historias y acontecimientos?

A veces tenemos que levantar la tapa del arca para ver qué hay en su interior. Su contenido ocupa espacio y utiliza energía para mantenerse dentro, pero es posible que ya no necesitemos mucho de lo que contiene y quizá podríamos quitarlo, dejando así más espacio para que pueda fluir lo nuevo.

Captar lo invisible

Como nuestro campo energético es una estructura electromagnética es posible registrar en una película una imagen de él. Se han desarrollado muchas técnicas para fotografiarlo, como el método Auric, el método Kirlian y la máquina Gas Discharge Visualisation inventada por el científico ruso K. Korotkov para visualizar la descarga

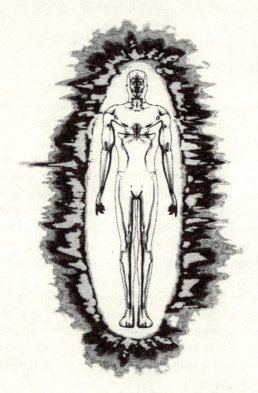

EJEMPLO DE UN CAMPO ENERGÉTICO EQUILIBRADO

energética gaseosa. Las imágenes captadas por esta máquina muestran las energías de distintos colores —que reflejarían la energía emocional, mental y física que el sujeto experimenta en ese momento– dispuestas de forma ovoidal alrededor del cuerpo humano.

Si tomáramos varias fotografías de nuestro campo energético en un breve lapso de tiempo, podríamos observar que, según la influencia del entorno, este campo energético cambia constantemente. Ello nos serviría para observar que somos seres que habitan un mundo en el que la energía está en constante fluir y no en un mundo de puras estructuras, y podríamos ver cómo nuestra diaria interacción en un mundo de energía nos está afectando en todo momento.

Dejarse llevar para poder curar

En el Reiki hay dos aspectos principales del campo energético. Primero, es esencial tener conciencia de qué es lo que hemos escogido para encerrar dentro de nuestro campo energético creando una restricción y que continua causándonos sufrimiento. Puede que se trate de creencias (en el plano mental) o de traumas (en el plano emocional) y muy frecuentemente de distorsiones (en el plano intuitivo).

Mediante la aplicación de Reiki podemos introducir lentamente una energía armoniosa dentro de nuestro sistema. Esto resaltará las zonas en que los distintos vehículos presentan una discordancia energética. Una energía armónica que se junta a otra disonante recuerda a esta cómo ponerse a tono.

El segundo aspecto es que podemos ser conscientes de cómo nuestra energía interactúa cotidianamente con los campos energéticos de las personas que nos rodean.

Una vez que lleguemos a conocer nuestro propio sistema comenzaremos a ver que nuestras experiencias son patrones que se repiten como resultado de lo que comunicamos al exterior en forma de mensajes inconscientes. Y nos preguntaremos por qué ciertas situaciones siguen presentándose en nuestra vida. Pero solo si somos conscientes de nuestras proyecciones inconscientes podremos evitar que esos patrones se repitan.

Los nudos del sistema

¿Qué son estos nudos? En términos simples, un nudo es un patrón distorsionado —que nos separa de la realidad— al que nos aferramos y que podría ser desatado. Puede tratarse de una creencia, una idea, una religión, una emoción, una necesidad, un deseo, un sentimiento, un dolor, una expectativa, una inseguridad, un control o una cuestión de supervivencia.

El aferrarse a algo crea en el cuerpo energético una contracción que obstruye el libre flujo de la energía a través del sistema. Esta contracción puede manifestarse en la mente como un pensamiento, idea o creencia; en nuestras emociones, como un sentimiento, una necesidad, o bien en el cuerpo como dolor o enfermedad.

Cualquier problema del pasado que revivimos nos hace perder una preciosa energía Ki que podríamos usar en el presente ya sea de forma física —manteniendo nuestra salud y bienestar— o creativamente —manifestando cualquier cosa que deseemos, incluso el poder curar a otros.

¿Ha tenido alguna vez un conflicto emocional con alguna persona y, pese a que ya no están juntos y no se ven más, todavía sigue usted poniendo su atención en el problema, reviviéndolo una y otra vez en su mente? ¡Qué agotador resulta tener toda esa energía Ki enfocada negativamente en esa persona! Nos sentimos como carentes de energía para hacer otra cosa. Cuando resolvemos el conflicto, ¡cuánto mejor nos sentimos!

Cualquier drama, temor, enojo, dolor, adicción, celos, depresión, conflicto o apego, es percibido en nuestro campo energético como una nube negra que agota nuestras fuerzas consumiendo gran parte de nuestra energía. ¡Existen cientos de conflictos sin resolver que permanecen como cicatrices en nuestro campo energético!

Frecuentemente solemos utilizar el pasado como excusa para justificar los fracasos del presente. Es posible que lo hagamos inconscientemente, por lo que debemos prestar entonces atención a nuestra mente. ¿Cuántas veces, cuando intentamos mejorar, nuestra mente nos da razones para no hacerlo? Esa voz que solemos escuchar dentro de nosotros puede ser la de nuestro padre o madre

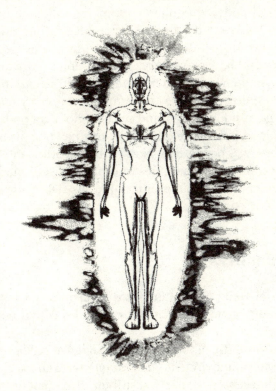

EJEMPLO DE UN CAMPO ENERGÉTICO ALTERADO

o la de un profesor, voz a la que nos hemos aferrado creyendo en ella y a la que seguimos usando como excusa.

Lo mismo ocurre con nuestro cuerpo emocional. Cuando se nos presenta un nuevo desafío, observemos cómo en respuesta a ello nuestro campo emocional se contrae (los chakras se cierran invalidándonos y desarmándonos).

Mantener un espacio de sanación mediante el uso del Reiki nos permite liberarnos de los problemas. Solo hay que repetir simplemente «está bien, dejémoslo». La fuerza de esta liberación dependerá de la profundidad y duración de su arraigo. Por ejemplo, la experiencia que tuve en Escocia en aquella sesión centrada en el «centro energético del poder» fue interesante porque durante mucho tiempo había estado aferrado a problemas que no eran reales. Lo único que nos ayuda a curarnos es dejar de lado los problemas. A la larga la liberación lo cura todo.

Es fundamental tomar conciencia de lo que hemos arraigado dentro de nuestro campo energético y que nos limita causándonos continuo sufrimiento. Para poder dar sanación es preciso determinar dónde hay una distorsión de la energía, por lo que, para poder hacerlo con exactitud, necesitamos afinar nuestra capacidad sutil mediante un conocimiento más profundo de los siete principales centros de energía.

Los chakras

En el Reiki los tratamientos se centran en los siete puntos energéticos principales conocidos con el nombre chakras.

En sánscrito, el término *chakra* significa rueda o disco y describe el movimiento de giro que realizan los chakras para almacenar, regular y distribuir el Ki (energía vital) por el cuerpo físico y el cuerpo sutil.

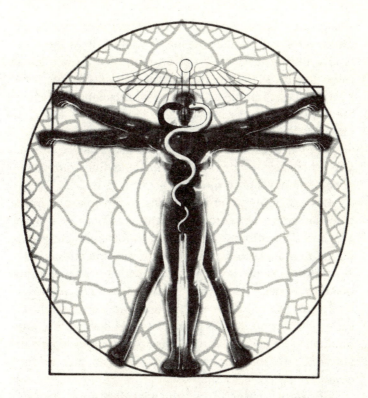

Recorrido de Ida y Pingala

El primero de estos puntos de distribución de la energía, que se asienta en el perineo, en la base de la columna vertebral, es el chakra base o raíz. Este chakra, como indica su nombre, es el encargado de conducir nuestra conexión con la tierra y constituye la base del sistema sutil de los chakras.

A partir de este chakra base surgen tres canales principales, conocidos con el nombre de *Ida, Pingala* y *Sushumna*, a través de los cuales fluye la energía.

El Sushumna corre en forma vertical desde la base a la cima del sistema de chakras, y ambos extremos se abren dando lugar a nuestra conexión con la tierra y con el espíritu. Ida y Pingala giran hacia arriba en espiral, en direcciones enfrentadas, desde el chakra de la base entrecruzándose a lo largo del Sushumna y formando en cada uno de sus entrecruzamientos cinco chakras horizontales, cada uno de los cuales está relacionado directamente, tanto en el aspecto físico como en el sutil, con una parte del cuerpo, a la cual rige.

Estos tres canales principales distribuyen la energía por los chakras y por otros canales más finos que se conocen con el nombre de *nadis*.

Los *nadis* son como las arterias y las venas que bombean la sangre del corazón distribuyéndola por todo el cuerpo físico, solo que los *nadis* transportan la energía vital. La mente creativa del cuerpo, el sistema endocrino y el sistema nervioso son los tres vehículos principales que bajan esta energía o Ki para utilizarla en el cuerpo físico.

La mente creativa es la inteligencia contenida en cada célula viviente que permite que el cuerpo funcione sanamente, haciendo actuar a todo el sistema como un aparente autopiloto hasta que, por supuesto, algo no funciona.

El sistema endocrino produce las hormonas encargadas de regular un número de funciones corporales vitales para nuestro desarrollo físico y nuestra salud. El sistema nervioso nos conecta con el mundo físico a través de la mente y los cinco sentidos.

Desde el punto de vista del Reiki, la enfermedad comienza cuando hay un bloqueo en el flujo de la energía vital. La disfunción puede producirse en cualquier zona entre los chakras y en uno de los tres canales por los que fluye la energía, provocando un bloqueo en el cuerpo físico y dando lugar a una enfermedad o problema físico. La fuente de tales disturbios tiene su origen en el mundo emocional, el mental o el volitivo.

La sanación supone que el sujeto que padece el problema pueda olvidarlo, dejar de tenerlo en cuenta.

El hecho de que nos centremos en los siete centros energéticos principales es acorde con el ritmo natural. Los colores de estos siete centros energéticos se corresponden con los siete colores del iris que se producen cuando un rayo de luz se dispersa por refracción a través de una gota de agua o de un prisma de cristal. La refracción se produce porque al entrar dentro del prisma o de la gota de agua las diferentes longitudes de los colores se dispersan en diferentes ángulos.

Los colores rojo, anaranjado, amarillo, verde, índigo y violeta constituyen el espectro de la luz blanca. La teoría de los chakras atribuye estos mismos colores a cada uno de los chakras comenzando por el color rojo para el chakra base y el violeta para el chakra situado en la cima del sistema.

El número siete aparece en la naturaleza como tema recurrente. Siete son las notas de la escala musical y se refieren a una extensión de la frecuencia de los sonidos. Del mismo modo en que se hacen sonar en un instrumento, las notas musicales se utilizan terapéuticamente para ayudar a reequilibrar todo el sistema de los chakras. Al fluir por el cuerpo el Ki sube a través de los chakras y al ascender aumenta su vibración. Los chakras son como las cuerdas de un instrumento musical afinadas en diferentes frecuencias (que se reflejan en los colores del arco iris). Cada chakra contiene información correspondiente a su vibración.

Los aspectos físicos, emocionales y psicológicos que corresponden a cada chakra constituyen un recorrido, una progresión a través de la vida. Este recorrido comienza en la base del sistema de chakras y pasa a través de los chakras inferiores, que operan en una longitud de frecuencia más densa.

Mediante la experiencia desarrollamos conscientemente aspectos básicos tales como la supervivencia, la confianza, la seguridad, la reproducción, la autovaloración, la identidad, el poder, el control y las relaciones con los demás. Cuando con el paso del tiempo desarrollamos e integramos estas experiencias disponemos de más energía Ki para despertar los chakras superiores y nuestros problemas se reducen. Comenzamos así a desarrollar nuestro conocimiento de la compasión, la sanación, la creatividad, la atención y de nuestra conciencia divina.

Es importante señalar que decir que los chakras inferiores tienen una frecuencia densa no significa que ello sea algo malo. Tenemos la capacidad para desarrollar positiva o negativamente, de forma consciente, los aspectos correspondientes a cada chakra.

Existen diferentes escuelas de pensamiento respecto al tiempo en que se produce cada etapa de desarrollo del sistema de los chakras en nuestra vida. Algunas sugieren que esta progresión a través de los chakras se realiza en tres etapas de siete años desde el día de nuestro nacimiento, comenzando por el chakra situado en la base del sistema. Al cabo de cada ciclo de siete años pasamos al siguiente chakra, bajo cuya influencia vivimos los próximos siete años integrando todos sus aspectos particulares. Durante cada etapa, junto al desarrollo del chakra correspondiente siempre hay una influencia de los chakras próximos y ello depende de nuestra edad. Por ejemplo, en nuestro octavo año de vida nos hallamos en la etapa de desarrollo del segundo chakra, pero estamos también bajo la influencia del primer chakra. En el décimo año estaremos en el desarrollo de la segunda etapa, que corresponde al segundo chakra, teniendo la influencia del tercer chakra. De esta forma, el viaje a través de los chakras es una simple progresión donde cada año simboliza una etapa de desarrollo. Una vez que llegamos al final de la etapa de desarrollo del séptimo chakra, volvemos al primer chakra repitiendo el mismo proceso.

La concepción de otra escuela de pensamiento sostiene que el desarrollo del sistema de los chakras empieza con el primer chakra en el momento de la concepción y hasta el final del primer año o hasta que el niño aprende a ponerse de pie y andar de forma autónoma. Entonces comenzaría a desarrollarse el segundo chakra hasta el final del segundo año. Esta etapa estaría vinculada al periodo en que adquirimos capacidad para movernos independientemente y experimentar el mundo desarrollando nuestra experiencia sensorial. Luego pasaríamos a la formación del tercer chakra y comenzaríamos a desarrollar nuestra voluntad y nuestra fuerza.

El cuarto chakra empezaría a desarrollarse a partir del cuarto año hasta el sexto, periodo en el que se desarrollaría nuestra comprensión del dar y del recibir y la capacidad para relacionarnos con los demás.

A la edad de siete años se iniciaría el desarrollo del quinto chakra y de la capacidad para comunicarnos y expresarnos.

A los doce años comenzaría la formación del sexto chakra, y el desarrollo de la memoria, la mente intuitiva e intelectual, así como nuestra percepción interna y externa.

Finalmente, a los veinte años, se formaría el séptimo chakra, y en esa etapa integraríamos nuestras experiencias desarrollando la visión interior.

En esto consistiría básicamente la progresión en la formación del sistema de los chakras. A partir de aquí, ya adultos, volveríamos a repetir el ciclo.

La progresión a través de los chakras depende mucho de la voluntad de evolucionar de cada individuo, así como de las influencias exteriores del entorno familiar y de la cultura en la que está inserto.

Si hemos nacido dentro de un entorno familiar o cultura muy influidos por una energía de los chakras inferiores estancada o bloqueada en sus aspectos negativos, será todo un desafío el poder superar estas influencias, evolucionar hacia aspectos más positivos y poder hacer que el Ki suba hacia los chakras superiores. Esto explica por qué un individuo nacido en el medio rural en el seno de una familia que por generaciones ha vivido en conflicto con sus vecinos puede heredar las mismas convicciones que han avivado ese conflicto.

Decimos amar a nuestro hijos. Si ello es verdad, ¿por qué les pedimos entonces que soporten las mismas cargas que hemos padecido y nos han constreñido? Si sintiéramos verdadero amor por nuestros hijos, ¿les pediríamos que cambiaran su inocencia por nuestros prejuicios?

A menos que una conciencia recuerde que solo ha nacido dentro de una determinada cultura y que es libre de estar en desacuerdo con la ideología que la sustenta, corre el riesgo de estancarse en esa cultura. Si observamos los noticieros, podemos ver que hay miles de ejemplos de ello en el mundo entero.

Liberándonos de convicciones e ideologías que causan odio y resentimiento libraremos a nuestros hijos de tener que soportarlas.

Hay una cierta ambigüedad en la teoría del desarrollo de los chakras, y aunque he querido dar aquí dos ejemplos para que pueda entenderse cómo se forman, es en la característica correspondiente a cada chakra en lo que quisiera detenerme.

Cualquiera sea la teoría de la formación y evolución de los chakras que se siga, lo que está claro es que el desarrollo de la psiquis y de la naturaleza emocional se produce durante nuestro periodo de formación.

Para poder curar y resolver cualquier problema o bloqueo que nos constriñe tenemos que observar de alguna forma esos periodos. Imaginemos, por ejemplo, los cubos con los que juegan los niños: para que la pila de cubos no se derrumbe cada cubo debe estar alinea-

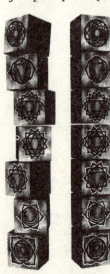

CUBOS

do con el de abajo para asegurar que toda la pila está equilibrada adecuadamente. Si uno de los cubos se coloca incorrectamente, afecta a los que debe soportar y entonces cada cubo que se vaya apilando tendrá que compensar cada vez más el desequilibrio, que irá aumentando a medida que va creciendo la pila. Para corregir el desequilibrio es preciso quitar el cubo que está afectando al equilibrio de toda la pila y volver a colocar nuevamente todos los demás cubos que soportaba.

Para dar Reiki, es fundamental conocer los aspectos que se asignan como patrones de conducta emocional o psicológica a cada chakra en particular. Esto nos va a ayudar a encontrar la zona concreta del campo energético que debemos curar. Sin embargo, es preciso que tengamos cuidado en no encasillar a las personas y sus problemas.

Así como los tratamientos de Reiki nos proporcionan una estructura con la que trabajar, el sistema de los chakras nos ofrece un mapa del sistema energético humano que podemos utilizar como guía.

Nuestro trabajo no consiste en diagnosticar o proporcionar consejo psicológico o espiritual, a no ser que estemos entrenados para ello.

El conocimiento del sistema de los chakras nos proporciona información sobre la forma en que opera el campo energético del ser humano y nos es de gran ayuda en nuestro trabajo.

A medida que el Reiki fluye por la zona donde es más necesario, obtenemos una respuesta positiva de que hemos dado con la zona correcta. De repente, porque es necesaria en esa zona, a través de nosotros podemos impulsar, hacer que afluya la energía hasta ella. De modo que cuando empecemos a integrar la teoría de Reiki en nuestro trabajo, el Reiki debe ser nuestro guía. Si hemos acertado con el chakra que necesita ser equilibrado, el Reiki fluirá con fuerza a través de nosotros para confirmarlo.

Un panorama de los siete chakras principales

Primer chakra

MULADHARA

Su significado: «Raíz que nos sustenta».

Conocido comúnmente como «centro base».
Localización: Perineo y base de la columna vertebral.
Color: Rojo.
Elemento: Tierra.
Rige: Riñones, glándulas suprarrenales, pelvis, cadera, rodillas, la parte baja de la espalda, nervio ciático, movimiento intestinal.
Desarrollo tradicional: 0 a 7 años.

EQUILIBRIO

Abundancia de la tierra, prosperidad, confianza en el flujo natural de la vida, estabilidad, capacidad para relajarse, buena salud, vitalidad, capacidad para soltar todo, compartir, base y sostén del planeta y sus habitantes, seguridad, sentimiento de «estar en casa», comer despacio, flexibilidad mental y física, generosidad, optimismo.

DESEQUILIBRIO

Adicción a la seguridad, límites rígidos, anulación, apego a la seguridad material, avaricia, robo, gula, obesidad, pesimismo, abandono, vandalismo, estancamiento, temor por el futuro y no confiar en la propia capacidad de supervivencia, ensimismamiento, inestabilidad, inquietud, mendicidad, escapismo, excesiva preocupación por lo económico, pobreza, delgadez, falta de energía.

Segundo Chakra

SWADHISTANA

Su significado: «La propia morada».

Conocido comúnmente como «centro sexual».
Localización: Entre los genitales y el ombligo.
Color: Anaranjado.
Elemento: Agua.
Rige: Los genitales, órganos reproductores, vejiga y próstata.
Desarrollo tradicional: 7 a 14 años.

EQUILIBRIO

Fluidez, creatividad, conocimiento del origen y finalidad de la vida, receptividad, libertad, felicidad, deseo, placer, sensualidad, salud sexual, intimidad, reproducción, equilibrio emocional, capacidad para dar y recibir la fuente de la vida.

DESEQUILIBRIO

Adicción al sexo, manipulación, inmadurez emocional, celos, abuso sexual, apegos obsesivos, no saber poner límites, dar mensajes contradictorios, falta de fluidez, competitividad, victimismo, bloqueo de la creatividad, sentirse no querido, incapacidad para tener intimidad, rigidez, miedo al placer, entumecimiento emocional, frigidez, impotencia, problemas genitales, problemas en la zona lumbar, retención de toxicidad física, emocional y energética en la parte inferior del cuerpo.

Tercer chakra

MANIPURA

Su significado: «Morada de la riqueza».

Comúnmente conocido como «centro del poder».
Localización: El plexo solar.
Color: Amarillo.
Elemento: Fuego.
Rige: El bazo, el hígado, la vejiga, el estómago y el páncreas.
Desarrollo tradicional: 14 a 21 años.

EQUILIBRIO

Sensación muy profunda de identidad sin necesidad de dominar a nadie, vitalidad, espontaneidad, fuerza de voluntad, sentido del propósito, autoestima.

DESEQUILIBRIO

Necesidad de dominar a los demás, verse a uno mismo separado de los otros, carácter enjuiciador, criticismo, agresividad, culpabilizar a los demás, hiperactividad, estar permanentemente a la defensiva, cobardía, baja autoestima, ser demasiado pasivo, sentir temor, lentitud, hipersensibilidad, contracciones nerviosas, enfadarse con uno mismo.

Cuarto chakra

ANAHATA

Su significado: «Lo que es siempre nuevo».

Comúnmente conocido como «centro del corazón».
Localización: Centro del pecho.
Color: Verde esmeralda.

Elemento: Aire.
Rige: Corazón, los pulmones hígado, el timo.
Desarrollo tradicional: 21 a 28 años.

EQUILIBRIO

Compasión, autoaceptación, relaciones sanas, equilibrio interno.

DESEQUILIBRIO

Dependencia de los demás, incapacidad para poner límites, posesividad, celos, timidez, tendencia a la soledad, aislamiento, amargura, hipercriticismo, falta de empatía, asma, enfermedades del corazón, problemas circulatorios.

Quinto chakra

VISHUDDHA

Su significado: «La pureza absoluta».

Comúnmente conocido como «centro del cuello».
Localización: Garganta.
Color: Azul.
Elemento: El éter o espacio.
Rige: Cuerdas vocales, glándula tiroides, la voz.
Desarrollo tradicional: 28 a 35 años.

EQUILIBRIO

Capacidad de comunicarse con claridad, creatividad libertad de expresión.

DESEQUILIBRIO

Hablar demasiado, no saber escuchar, tartamudeo, miedo de hablar, mal funcionamiento del timo, bocio, dolor y molestias generales en cuello y garganta.

Sexto chakra

AJNA

Su significado: «Dar órdenes».

Comúnmente conocido como «tercer ojo».
Localización: En el entrecejo.
Color: Índigo.
Elemento: Luz.
Rige: Glándula pituitaria o hipófisis.
Desarrollo tradicional: 35 a 42 años.

EQUILIBRIO

Percepción psíquica, correcta interpretación, imaginación, visión clara.

DESEQUILIBRIO

Pesadillas, alucinaciones, desilusiones, dificultad para concentrarse, mala memoria, escasa visión, negación, dolores de cabeza.

Séptimo chakra

SAHASRARA

Su significado: «Loto de mil pétalos».

Comúnmente conocido como «el centro de la cabeza o de la fontanela».
Localización: Parte superior de la cabeza.
Color: Blanco o dorado.
Rige: Glándula pineal.
Desarrollo tradicional: 42 a 49 años.

EQUILIBRIO

Sabiduría, conocimiento, conciencia, conexión espiritual.

DESEQUILIBRIO

Hiperintelectualismo, adicción a lo espiritual, confusión, disociación, escepticismo, creencias limitadoras, materialismo, apatía.

LOS SIETE CHAKRAS

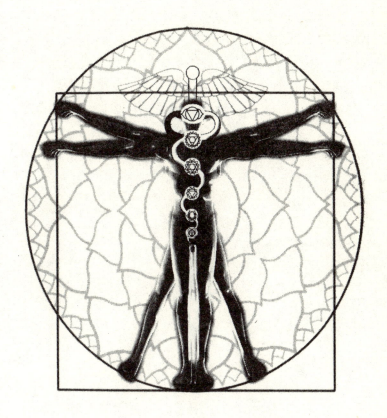

Sistema completo de los chakras

Primer chakra: Muladhara

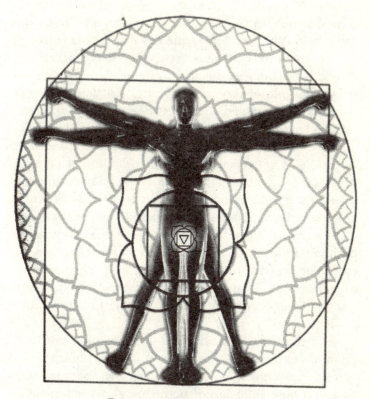

BASE DEL SISTEMA DE CHAKRAS.

Nuestro recorrido a través de las siete etapas del sistema de chakras comienza en el chakra Muladhara, situado en el perineo, entre los genitales y el ano. Si observamos un árbol, podemos ver que sus raíces penetran profundamente en la tierra asegurando así que el árbol pueda sobrevivir a los elementos proporcionándole una estabilidad. La raíces proveen también al árbol los nutrientes necesarios para su salud y supervivencia, pero es preciso que el sistema de raíces le proporcione una conexión sana con la tierra.

El recorrido a través del primer chakra nos permite satisfacer nuestras primeras necesidades para la supervivencia. Al desarrollar una raíz fuerte, estamos estableciendo también una base fuerte a la cual aferrarnos durante las muchas tormentas que nos deparará la vida.

Así como los cimientos determinan la estructura y el diseño de cualquier edificio, el primer chakra es fundamento de todo el sistema de chakras. Cualquiera sea la debilidad o inestabilidad que haya en el chakra base habrá de ejercer un efecto dominó sobre el resto del sistema.

Nuestra conexión con la tierra comienza en el momento de la concepción y continúa durante el periodo de gestación dentro del útero materno. Comenzamos a experimentar el mundo a través de nuestra madre, cualquier sonido, movimiento, pensamiento o sentimiento que tengamos es resultado directo de lo que ella está experimentando en el mundo exterior. Dependemos de esta relación para nuestra supervivencia, estableciendo el patrón para desarrollar nuestra propia conexión una vez que aparecemos sobre la faz de nuestra otra madre, la Tierra.

Si durante la formación de nuestros fundamentos, estamos inmersos en conflictos, no nos sentiremos seguros y la energía que podríamos canalizar para nuestro continuo desarrollo la utilizamos para alimentar nuestras necesidades básicas de supervivencia. Cuando nos enfrentamos a cualquier cosa que amenaza nuestra supervivencia nuestra atención se concentra solo en ella. Si el primer chakra se desarrolla en una atmósfera inestable, de incertidumbre, pueden surgir problemas físicos, mentales y emocionales que afectarán a nuestro bienestar general, y entonces cualquier cosa que hagamos resultará imprecisa a causa de un sentimiento *Básico* de inquietud.

El término *muladhara* significa «raíz», lo que explica la función que cumple este chakra en todos los aspectos de nuestro ser. El chakra Muladhara está relacionado con nuestra conexión física con la tierra y la nutrición que de ella recibimos: los alimentos, el agua que bebemos, el aire que respiramos, los aromas que sentimos y todo lo que vemos y tocamos. Estamos energéticamente conectados con un sistema planetario mayor, conectado a su vez con el sistema solar y con el universo entero. Nuestra capacidad para establecernos a nosotros mismos nos trae al momento presente en tiempo y espacio, lo que resulta vital para mantener una relación sana con la realidad. Si no podemos permanecer en el «presente», siempre estaremos a la deriva, viviendo estados ilusorios que tomaremos por reales; seremos muy susceptibles a las influencias externas y perderemos contacto con lo que, de forma intuitiva, sabemos que es verdad, prefiriendo creer en la información que recibimos de fuera.

El chakra Muladhara nos proporciona las características esenciales para manifestar no solo nuestras necesidades básicas, sino también para expresar nuestros sueños e ideas.

Esta conexión con el cuerpo espiritual nos ofrece el material y los parámetros con los que podemos construir y crear. A través de la sana conexión con la tierra adquirimos un firme equilibrio, aprendemos a establecer nuestros límites y a desarrollar nuestra responsabilidad. Estamos así preparados para cambiar los obstáculos en desafíos a los que queremos hacer frente siendo fieles a lo que somos y sabemos. Nos convertimos en seres firmes, inamovibles.

Pese a que la confianza constituye un aspecto sano de nuestro primer chakra, el miedo lo desgasta provocando una contracción y restricción de la fuerza vital. El miedo reduce todos los aspectos sanos del chakra base —seguridad, confianza, salud y solidaridad— debilitando nuestros fundamentos y provocando un importante derroche de una preciosa energía. El miedo nos impide permanecer en un sano estado de relajación interna paralizándonos y desconectándonos de la tierra, la que satisface nuestras necesidades básicas. Ciertos temores por la supervivencia se originan durante nuestro primer año de vida. Cuando somos niños dependemos mucho de nuestros padres, del entorno y del medio ambiente para satisfacer necesidades vitales básicas tales como alimento, protección y amor. Casi todos nuestros patrones de miedo existen desde muchísimas generaciones y generaciones atrás, y nuestros años de formación están muy influidos por los problemas que atañen a la supervivencia. Si nuestros padres están preocupados por no saber de dónde provendrá nuestra próxima comida o cómo pagar los gastos mensuales, ello ha de afectarnos necesariamente. Más tarde, ya adultos, aunque ganemos un buen sueldo y vivamos en una casa confortable, aun así sentiremos angustia por cómo habremos de afrontar nuestros gastos mensuales y padeceremos siempre el sentimiento de que nunca tenemos lo suficiente. Estaremos subconscientemente fijados en inútiles problemas relativos a la supervivencia provenientes de nuestra infancia y que crean inestabilidad en nuestros fundamentos. Consecuentemente, Ki, que podría ser canalizada positivamente hacia el sentimiento de abundancia y prosperidad, estará bloqueada o malgastada en nuestros temores subconscientes. Así, cada vez que deseemos realizar algo –una idea, un sueño–, habrá de surgir de nuestro interior una argumentación que nos impedirá realizarlos. Es como si anduviéramos por un fangal que nos llega hasta la cintura cargando al mismo tiempo un peso sobre la espalda. No hay que desestimar nunca el aspecto limitador que los pensamientos y sentimientos negativos profundamente arraigados ejercen en nuestra vida cotidiana. Cualquier cosa construida sobre una base de temores y miedos reforzados tenderá a desmoronarse.

LA KUNDALINI

El primer chakra es la morada de la Kundalini, la serpiente mitológica que duerme enrollada en la base de la columna vertebral.

La Kundalini simboliza la fuerza principal que puede ascender a través de los chakras provocando cambios de conciencia y despertares repentinos. Es en cierta forma la fuerza vital condensada en la semilla de nuestro potencial, y las circunstancias que producen su liberación pueden variar. Tradicionalmente el despertar de la energía Kundalini es el resultado del trabajo realizado sobre el sistema de los chakras mediante distintas disciplinas. Una vez que se logra el equilibrio la energía puede elevarse. Hay disciplinas de yoga destinadas específicamente a este cometido que se han hecho muy populares en Occidente.

Hay que tener cuidado cuando se procede a despertar esta energía. Si lo hacemos antes de estar preparados, corremos el riesgo de perder nuestra conexión con la tierra y desestabilizarnos. Esto, a su vez, puede provocar estados de conciencia desorientados a medida que la energía se concentra en los chakras superiores.

He podido experimentar estas descargas de energía de varias maneras. La más poderosa fue la de mi experiencia en el «punto energético» de la Colina de Venus en Forres, en Escocia.

La experiencia puede ser desagradable y sobrecogedora, ya que las energías involucradas son increíblemente poderosas.

Lo que he aprendido de mis experiencias es que una vez que esta energía fluye a través del sistema es importante mantenerse en contacto con la tierra y permitir que la energía que ha ascendido por los canales sea absorbida por la tierra. Recuerdo haberme sentido muy elevado por esta energía, y hubo momentos en que sentí que no quería volver a entrar dentro de mi cuerpo. Descubrí que la mejor manera de vincularme con la tierra era cortar leña durante una semana entera. También me aseguré de permanecer sereno y tranquilo.

El despertar de la Kundalini puede darse en situaciones menos dramáticas. Si estamos inquietos e intranquilos es probable que la causa sea la Kundalini, pero esta inquietud puede tratarse realizando ejercicio físico o mediante un masaje. Durante un tratamiento de Reiki es común que el cuerpo experimente espasmos producidos por la energía Kundalini al ascender por los *nadis* o canales y es algo bastante normal.

LA GENTE DAÑADA DAÑA A OTRAS PERSONAS

Melvyn era un hombre sensible, aunque no confiaba en sus propias percepciones. A menudo se adhería a la opinión de los demás preguntándoles qué era lo que pensaban y qué querían. Siempre estaba recurriendo al consejo de echadores de Tarot o adivinos y constantemente mostraba su acuerdo con la opinión de personas de presunta autoridad en diversos temas. Estaba dando siempre su poder a los otros.

La primera vez que le di un tratamiento de Reiki, cuando dirigí mis manos hacia su zona lumbar y las puse sobre su cóccix obtuve inmediatamente una respuesta emocional muy fuerte. De lo profundo de su psique surgió un recuerdo que evidentemente había estado enterrado desde hacía mucho tiempo. Melvyn se vio a sus once años, vestido tan solo con un bañador, en las duchas situadas en el sótano de su escuela. En aquel sótano de las duchas no había nadie más que él y un profesor que le castigaba con un enorme zapato mientras le gritaba: «¡Acéptalo como un hombre!».

Al revivir esta experiencia surgió en él mucha rabia y odio hacia aquel profesor ante semejante abuso. Melvyn se pasó después muchos años trabajando sobre este problema e incluso volvió varias veces a la escuela para sentarse en aquel cuarto de baño intentando entender aquel hecho. Pero, pese a ello, su ira continuó.

Siete años más tarde, Melvyn vivió la ruptura de una relación amorosa de muchos años. Lo que más le afectaba era que su pareja le hubiese mentido y que él se hubiera dejado manipular considerando siempre los hechos según el punto de vista de ella y no según su propia perspectiva. Internamente siempre había sabido que lo que escuchaba de parte de ella no siempre había sido verdad, pero no confiaba en su intuición. Había preferido confiar en su pareja, incluso hasta en sus decisiones personales. Se adhería en todos los aspectos a la opinión de ella, proyectando sobre la misma pureza y entereza, considerándose a sí mismo impuro. Una vez que se enteró de las mentiras de ella ya no supo qué era verdad o qué era mentira. No podía confiar en su propia verdad, ya que la había negado durante tanto tiempo.

Tras mucho sufrimiento, al darse cuenta de que carecía de autoridad, surgieron en él la rabia y el dolor. Melvyn pensó que debía reclamar su poder, para lo cual tenía que perdonar a aquel profesor que lo había castigado en las duchas. Finalmente, pudo ver que, pese a aparecer como un niño indefenso de once años, él tenía posibilidad de elegir y que había escogido aceptar la autoridad distorsionada del profesor por encima de la suya y el consiguiente castigo. Cuando Melvyn comprendió que posiblemente en su infancia el profesor hubiera padecido una experiencia similar, pudo perdonarlo.

El patrón de disfunción transmitido por el profesor posiblemente había perdurado, de una manera u otra, por muchas generaciones. Ahora tenía la oportunidad de que ese patrón muriera en él y lo liberara.

Comprendiendo ese patrón y aprendiendo a perdonar, Melvyn podía reconstruir sus fundamentos desarrollando otra vez la confianza en su propia autoridad.

Esto me aclaró acerca de la manera en que los patrones se pueden transmitir de persona a persona a través de la intención subconsciente de la acción. La paliza era la acción que transmitía el patrón de aquel profesor al niño de once años. La razón de que hubiera penetrado tan profundamente en la psique del niño afectándole de forma tan inhibitoria era que había sido propinada con tal intención y de forma tan violenta directamente sobre el primer chakra, cuya característica es la *Confianza*. Esto se manifestó en Melvyn especialmente en una tal falta de confianza en sí mismo que ya no pudo confiar en sus propios sentimientos, intuiciones, opiniones, decisiones y capacidades. En otras palabras, todos sus chakras habían sido afectados por el desequilibrio causado en el chakra base.

DESEQUILIBRIOS

Uno de los principios del doctor Usui es «Gánate la vida honestamente», lo que significa ganarse la vida de manera que respeten la tierra y sus habitantes y no por medios que la agoten.

Otro de los principios: «Solo por hoy, no te preocupes», está referido al primer chakra, y nos dice que confiemos en el flujo natural de la vida y que su conocimiento hará que tengamos todo lo que necesitemos.

Si observamos el efecto que puede tener en nuestra vida un fundamento inestable, veremos que nuestra desconexión con la tierra a través del chakra base afecta profundamente nuestra relación con ella. Los signos de desequilibrio pueden encontrarse solo con andar por la calle de una gran ciudad: contenedores y basureros rebosando desechos, conductores detenidos en un atasco automovilístico arrojando por las ventanillas colillas y cigarrillos encendidos, mendigos pidiendo limosna, agentes que venden seguros de vida, seguros médicos, hipotecas. «Compra hoy para más tarde», «Ahorra para el futuro», ganar dinero a través del mensaje de la seguridad constituye un mundo peligroso. Existe un deseo implacable de tener más y más. Florecen el prejuicio, el robo y el abuso. Guerras, conflictos, hambre e inundaciones parecen ser cosas de todos los días. Las noticias por la televisión nos muestran los desastres más recientes y la gente se pregunta: ¿Por qué? ¿Cómo puede pasar esto? ¿Por qué no tenemos seguridad? Pero, a pesar de todo esto, seguimos destruyendo los bosques, vendemos el agua, polucionamos el aire, generamos basuras, producimos cultivos transgénicos y construimos monstruos de cemento para demostrar tan solo que ya no estamos en contacto con la naturaleza.

Mientras redactaba este capítulo me he dado cuenta de que si nuestro chakra base no está sano el resto de los chakras no se puede desarrollar. Existe mucho interés por abrir el «tercer ojo», por desarrollar nuestra psique y nuestra capacidad de sanación, pero se piensa muy poco en asegurar que la base del sistema esté sana.

Con realizar solo ejercicio diario, eso nos permitirá fundamentarnos. Nuestro cuerpo físico es el templo que puede expresar lo sagrado. Nunca miente, siempre nos está diciendo lo que ocurre. Tomémonos tiempo para escucharlo, estar con él y alimentarlo.

Una vez que hemos desarrollado la conciencia de nuestro propio cuerpo físico podemos explorar el mundo exterior sin peligro de perdernos.

Me encanta hacer cerámica, me resulta muy placentero moldear el barro con mis manos, darle forma en el torno y convertirlo en piezas. Para conseguilo, además de práctica, necesito estar centrado y equilibrado. Si cargo con mis problemas emocionales al ponerme a hacer cerámica, las piezas acabarán saliéndome mal y tendré que tirarlas a la basura. Mi capacidad para dar forma a una gran pieza es un reflejo del estado emocional en que me encuentro. Empujando firmemente el barro hacia la base, lo centro y luego lo abro y lo levanto hacia arriba para dar forma a la pieza. Si fracaso al preparar la base, es a causa de mi impaciencia. Del mismo modo, si ignoramos el chakra base porque tenemos demasiada prisa por desarrollar los centros superiores, nos encontraremos con desechos.

AUTOEVALUACIÓN

Autoevaluación física. Observemos nuestros movimientos de la pelvis hacia abajo. ¿Cómo sentimos nuestras caderas, rodillas y tobillos? Estas articulaciones que nos permiten andar sobre la tierra y nos transportan constituyen nuestro soporte, nuestro fundamento. ¿Sentimos algún dolor, restricción del movimiento o rigidez? ¿Sentimos firmeza en nuestras piernas? Observemos la zona lumbar. ¿Padecemos dolor o quizá ciática? ¿Sufrimos un estreñimiento o irritación del intestino? Estos son todos signos de que el Ki está bloqueado en las partes del cuerpo físico regidas por el chakra Muladhara.

Autoevaluación psicológica y emocional. ¿Sentimos que tenemos abundancia y prosperidad o, por el contrario, que nos falta el dinero? ¿Nos enfrentamos confiados y optimistas a los desafíos de nuestra supervivencia o con temor y paranoia? ¿Nos resulta fácil compartir lo que tenemos o estamos aferrados a lo material y tenemos tendencia a acumular? ¿Nos sentimos satisfechos o insatisfechos? ¿Estamos, no importa lo que ganemos, siempre en deuda o confiamos en tener siempre dinero cuando lo necesitemos? ¿Pensamos que el mundo está para que lo explotemos o consideramos que cualquier negocio que realicemos tiene un impacto medioambiental? ¿Nos sentimos maravillados y agradecidos a la tierra o desconectados y atrapados en nuestro propio drama?

EJERCICIOS

Meditación andando. En las plantas de los pies hay chakras menores cuya función es –como la de cualquiera de los chakras mayores– intercambiar energía entre el mundo interior y el exterior. Como los pies son muy sensibles es recomendable practicar este ejercicio en la naturaleza, descalzos y sin calcetines.

Camine descalzo lentamente, sintiendo que cada paso es una conexión consciente con la tierra. Camine sobre la hierba, la hojarasca, piedras, barro y arena. Ande un rato con los ojos cerrados explorando el camino delante de usted.

Ponga sus manos por encima de la columna vertebral, caderas, rodillas y pies para administrarles Reiki (Remítase a las instrucciones para el tratamiento completo que se indican en las página (159-171).

VISUALIZACIÓN

Siéntese sobre la tierra con las piernas cruzadas o póngase de pie con los pies separados. Intente visualizar el planeta como una esfera enorme girando lentamente en el espacio. Piense en ella como si fuera nuestra madre. Nuestro cuerpo proviene de ella y está hecho de los mismos elementos que la componen.

Visualice la atmósfera a su alrededor como una burbuja que lo rodea regulando el medio ambiente, protegiéndolo y dándole estabilidad. Como la atmósfera forma parte de la tierra, vea cómo se encuentra realmente dentro de la tierra, en su útero. Respire profundamente. El aire que inspiramos se nos ofrece gratuitamente. Medite sobre todo lo que la madre Tierra nos ofrece: protección, alimentos, hábitat, agua, oxígeno, luz, calor, gravedad, temperatura estable, metales, hidrocarburos, piedras preciosas, animales, sonido, música, etcétera. Pregúntese si se ha visto privado de algo que necesitara realmente. Relájese y siéntase seguro.

Visualización

Segundo chakra: Swadhistana

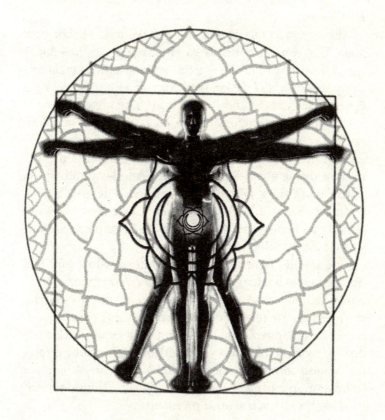

CHAKRA DEL HUESO SACRO

El término Swadhistana significa «nuestra morada», y este centro energético es conocido como el chakra del hueso sacro, sugiriendo el carácter sagrado de esa morada. Está situado aproximadamente a unos doce centímetros del ombligo y rige toda la región pelviana.

El hueso trasero que forma parte de la pelvis recibe el nombre de hueso sacro. Contenidos y protegidos dentro de este espacio «sacro» están los órganos regidos por este chakra –genitales, útero, ovarios, testículos, vejiga y riñones–, cuyas funciones principales son la reproducción y la excreción.

El elemento que corresponde al segundo chakra es el agua. Este chakra se manifiesta en forma de sentimientos y sensaciones físicas. La energía firmemente anclada en la solidez y seguridad del chakra base entra en este reino del agua teniendo la posibilidad de expandirse y fluir al exterior.

El énfasis está puesto ahora en la exploración sensorial del mundo más que en la conexión arraigada con él. Esto se puede constatar cuando el niño comienza a caminar por primera vez –cuando, según Anodea Judith, en su libro *Eastern Body, Western Mind,* empieza a desarrollarse el segundo chakra. El niño, que ahora puede moverse independientemente, sigue sus propios impulsos para explorar y tener intercambio con su entorno.

He podido observar este rápido desarrollo en mi hija que comenzó a andar en su primer año. Al empezar a explorar su entorno se aseguraba siempre de que yo estuviese presente. Yo representaba para ella la seguridad, y a través de mi apoyo se sentía segura para explorar el mundo. Se cogía de mi mano y me llevaba hacia donde quería ir. Cuando sentía una cierta familiaridad con el entorno soltaba mi mano y andaba con confianza. Cuando se sentía insegura volvía a agarrar mi mano.

Poco a poco su mundo se fue extendiendo y aprendió a confiar en sus propios sentidos. Su trayecto favorito era andar por la parte trasera del garaje para tomar frambuesas del arbusto que había allí y comérselas.

Es esta una buena ilustración del desarrollo del chakra Swadhistana. Mi hija iba ganando independencia a través de la exploración y recibía su gratificación sensorial al tomar las frambuesas y comérselas. Después de un tiempo tan solo me necesitaba para tomar las frambuesas que se hallaban fuera de su alcance. Compartirlas conmigo era como decirme: «¡Mira lo que he encontrado, qué lista soy!». Esta exploración es un proceso importante para el niño que le ayuda a desarrollar la confianza en sus propios sentidos y lo estimula a seguir explorando más allá.

Para un padre resulta importante el proporcionar a su hijo el espacio que necesita y al mismo tiempo estar cerca para poderle ayudar en caso de que se asuste.

A este segundo chakra le corresponde la Luna y su suave atracción, que así como afecta a los océanos y a las mareas, ejerce también la misma influencia sobre el elemento líquido de los órganos ubicados en la zona correspondiente a este centro energético.

El ciclo menstrual de la mujer está regulado por un periodo de 28 días lunares, habitualmente conocido como ciclo lunar. Durante este ciclo tiene lugar el viaje de la Luna de la oscuridad a la luz, que representa la dualidad de la naturaleza.

El segundo chakra es el primer punto de integración entre Ida y Pingala, las dos serpientes que conducen hacia arriba la energía que fluye del chakra Muladhara y que representan la dualidad del sistema energético humano. Ambas abandonan el Muladhara donde nadan unidas como un solo ente para separarse en energía masculina y energía femenina y volver a encontrarse en el centro del sacro, en las aguas de la diosa luna.

El carácter sagrado del segundo chakra está representado por la función del útero ofrecida a la creación universal para la concepción, protección, nutrición y crecimiento de nueva vida. Esta morada sagrada dentro de nosotros es un lugar de transformación personal. Aquí damos a luz, metafóricamente, a nuestra creatividad, sensualidad, sentimientos, emociones y movimientos físicos. Es el lugar donde concebimos, nos protegemos, nutrimos y nos damos vida.

Cuando desarrollamos este chakra, nuestra conciencia, que solo ha conocido la unidad en el primer chakra, experimenta ahora, por primera vez, la dualidad a través de los canales de Ida y Pingala y con la exploración sensorial del mundo exterior. Aprendemos a conocer el mundo a través de sentimientos y emociones, y como este es tan rico y lleno de experiencias, nos saturamos completamente. Cuando somos adultos, al estar rodeados de tanta abundancia de estímulos –una potencial trampa para la evolución de nuestra conciencia–, desarrollamos nuestras preferencias, lo cual crea dualidad y polaridad donde antes no la había. Preferimos las experiencias agradables, placenteras y buenas a las feas, dolorosas o malas. Como nuestro segundo chakra está relacionado con nuestra sexualidad y sensualidad, es muy fácil que seamos seducidos por lo que aparentemente es bueno por fuera pero que resulta ser feo al observarlo en profundidad.

La dualidad en sí no es mala, siempre y cuando estemos decididos a aceptar la polaridad de lo bueno y de lo malo y así podemos empezar a integrarlos. Sin embargo, tendemos a rechazar lo negativo convirtiéndonos en adictos del placer, buscando constantemente lo que nos hacer sentir bien creyendo que eso nos hará felices y sintiéndonos al mismo tiempo insatisfechos en nuestro interior. La vida se convierte en una serie de obras de teatro cuyo argumento gira en torno a deseos tales como «sería feliz si tuviera "eso" (una relación, un "lío amoroso", un coche, un trabajo, etcétera) en mi vida».

El desarrollo del primer chakra está relacionado con la estabilidad, el fundamento y la confianza. El segundo chakra tiene que ver con la concentración, desarrollando un sentido energético, emocional y físico de uno mismo.

Siendo conscientes de nuestra «sagrada morada» nos relacionamos con el mundo exterior mediante la gracia y la armonía en vez de la necesidad y el querer. Esto es vital para desarrollar el discernimiento y el sentido de la contención cuando nos enfrentamos a tentaciones exteriores que nos prometen todo pero que generalmente sirven para descentrarnos.

La energía sexual es muy poderosa, es la esencia creativa del universo. Aprender a dominarla y no abusar de ella es parte del desarrollo del segundo chakra. El «centro sacro» es la fuente de la que extraemos la efervescencia que da vida a todo lo que creamos, por ello mediante el desarrollo de este chakra aprendemos a autocontrolarnos, contenernos y conservar nuestra energía. Así, elegimos qué energías y a quiénes dejamos entrar en nuestro «espacio sacro» y qué energía proyectamos.

Creo que el palo de copas del Tarot ilustra esto muy bien: cada carta muestra las diversas formas en que una copa puede contener el agua originando influencias positivas y negativas sobre su contenido (su abundancia, derramamiento, carencia y estancamiento depende de cómo cojamos la copa y qué influencia ejercemos sobre ella. Si no está sujeta a una sana contención, esta energía puede gotear, estancarse o malgastarse).

Durante el acto sexual se experimenta el encuentro de las energías de Ida y Pingala. Al orgasmo sucede una sensación de paz y de relajación como resultado de la liberación del Ki a través del cuerpo.

La primera vez que experimenté el verdadero potencial de esta energía fue en el «punto del poder» de la Colina de Venus en Escocia. La energía descargada a través de mi cuerpo tenía su origen en el segundo chakra. Anteriormente no podía experimentar estos sentimientos porque en el tercer chakra me aferraba a «problemas de separación» que bloqueaban la energía que necesitaba ascender en el primer y segundo chakra. La combinación de la energía del «punto del poder» y mi recién descubierta ternura, mi apertura y aceptación de las personas que tenía a mi alrededor había creado las adecuadas circunstancias para despertar a la Kundalini –la serpiente dormida en el chakra base–. Al fluir a través de mi cuerpo la Kundalini hizo girar mi segundo chakra cuando Ida y Pingala –los dos canales que la transportan– se encontraron. Esto es lo que sentí físicamente. Cuando Kundalini se encontró en mi «morada», hizo que la energía bloqueada se transformara dando luz a un nuevo yo.

Una vez libre dentro del plexo solar, el Ki fluyó a través de mis canales energéticos en un gran orgasmo cósmico. Toda la energía negativa acumulada en los chakras inferiores se purificó en el fuego del plexo solar.

En julio del 2000 asistí en Escocia a un seminario sobre sanación a través de la tierra titulado *Los cambios en la Tierra y la respuesta del ser humano* a cargo del experto en sanación energética Marko Pokajnick. Marko nos llevó a sus discípulos a la colina de Cluny, en Forres, donde hacía siete años había tenido lugar su experiencia y procedió a explicárnosla.

El lugar es conocido como la Colina de Venus y forma parte de un lugar geográfico sagrado –un chakra de la madre Tierra– integrado por siete colinas en círculo que rodean un valle en forma de fuente. Marko nos dijo que este era uno de los principales puntos del planeta de equilibrio de la energía femenina y masculina. Esto me pareció algo realmente muy interesante.

DESEQUILIBRIO

El desarrollo consciente del segundo chakra tiene como objeto encontrar un sentido del ser y desarrollar este centro como lugar de unión y fusión con el mundo exterior, expresando nuestra experiencia sensible, emocional, creativa y sexual. Nuestro objetivo es armonizar, contener y centrar nuestro ser dual dentro del «espacio sacro» mediante el establecimiento de unos límites personales sanos.

El desequilibrio nos hace perder nuestro centro y consecuentemente nuestro ser, lo cual afecta sobremanera nuestra estabilidad emociona, alterando los mensajes que emitimos sobre nuestro espacio personal. Nuestros límites confunden a los demás cuando reciben mensajes contradictorios de nuestra parte. Podemos volvernos muy agresivos, rechazando sin razón aparente a los otros cuando en realidad lo que deseamos es un abrazo o bien convirtiéndonos en personas inaccesibles, ocultándonos dentro de nosotros mismos, conservando todo nuestro tormento interior y sin que entendamos por qué nadie se da cuenta de que necesitamos ayuda. Podemos dejar que nuestros límites personales se vuelvan tan débiles como para permitir a los demás que invadan nuestro «espacio sacro» perdiendo así la noción de quienes somos.

El intercambio emocional puede darse en todo tipo de relaciones. Es en la intimidad de una relación sexual es donde empezamos a descubrir qué desequilibrios hay dentro de nosotros. Una relación sexual requiere la unión íntima entre dos personas, y que su ser dual no esté completo e integrado supone en la persona un desequilibrio previo a la relación. La unión de dos personas activa sus desequilibrios en conflicto cuando intenta integrar a la otra, lo que se da en muchas relaciones. En la mayoría de las personas suele manifestarse en la pretensión que su pareja cambie para acomodarse a ellas.

Antes de intentar entrar en una relación es conveniente integrar lo bueno y lo malo de uno mismo, la luz y la sombra. Pero como no solemos hacerlo, frecuentemente encontramos nuestro lado oscuro expresado a través de nuestra pareja, una extraordinaria manifestación de todo aquello que no podemos aceptar que surge de nosotros mismos.

Si observamos desequilibrio en el segundo chakra, es porque hay una evidente relación con el mal uso de la energía sexual. Esta es tan poderosa que si no somos conscientes de los fuertes impulsos que ella puede originar y no desarrollamos nuestro discernimiento, corremos el riesgo de actuar de una forma que podría causarnos dolor, daño y vergüenza.

La falta de autoestima en una persona puede llevarlo a buscar aprobación y valoración constante. Si esta necesidad la dirige sexualmente, corre el riesgo de que busque muchos encuentros sexuales tratando de encontrar una relación que le dé lo que necesita. Desgraciadamente, lo único que su pareja hallará en tal persona es su incompletitud.

El abuso sexual es un extremo del mal uso de la sexualidad y causa profundo desequilibrio en el funcionamiento del segundo chakra. El abuso sexual es la agresión que más daña este centro energético, dejando profundas cicatrices que impiden el flujo de la energía a través del sistema, socavando en su víctima cualquier tipo de confianza que se haya formado, despojándola de todo sentido de los límites personales y afectando a sus relaciones futuras.

Me ha asombrado ver en mi consulta la gran cantidad de personas que han sufrido abusos sexuales. Suele ser muy frecuente que estos sujetos no recuerden haber sufrido el abuso, generalmente buscan que se les trate por otros problemas.

Algunos de los problemas con los que se enfrentan estas personas suelen ser problemas físicos en los órganos sexuales, dificultades emocionales en las relaciones, problemas relacionados con la alimentación, depresión, baja autoestima y problemas con las drogas. Todas estas perturbaciones se tornan problemas secundarios cuando el tratamiento de Reiki saca a la luz la causa verdadera, el recuerdo del abuso. Evidentemente, se trata de algo muy traumático para el sujeto, y yo he podido comprobar cómo estos problemas pueden quedar profundamente enterrados en la psique.

La sociedad actual refleja nuestra naturaleza antagónica. Disfrutamos con el sentido de la culpabilidad, de la vergüenza y de la negación que nos inculcan ciertas religiones que consideran la naturaleza sexual como algo inmoral, sucio y depravado, algo que debemos reprimir o ignorar para obtener la salvación. ¡Y luego vemos en los periódicos cómo ha «caído de la Gracia» el último sacerdote después de haberse liado sexualmente con alguien de su congregación!

Nos han enseñado a reprimir las emociones, a controlar rígidamente lo que se considera como un comportamiento antisocial. Nos presentan un modelo de conducta «decente» a seguir que es antinatural. Vivimos enjuiciando constantemente todas aquellas cosas que rechazamos dentro de nosotros por temor de que afloren y revelen nuestra naturaleza dividida, dual. Así, proyectamos en otros lo que no podemos aceptar en nosotros. Nos modelamos sobre un aspecto de nosotros mismos: ya sea luz u oscuridad, positivo o negativo, y nos estancamos en esta antinomia.

Monocultura es la expansión e imposición de un único sistema de valores, y abarca la educación, la historia, la religión, cultura común, televisión, música, alimentación, etcétera. Todas las guerras se generan por el antagonismo entre naciones de creencias e intereses opuestos que se niegan a aceptar sus diferencias. La «morada sacra» de cada cultura está tan arraigada en un sistema de valores único y juzga tan rápidamente toda postura diferente que se lucha por imponer el propio punto de vista.

Pese a ser de naturaleza dual, el universo es completo. A no ser que elijamos estarlo, no estamos naturalmente separados de la creación. Entonces un desequilibrio en el segundo chakra nos separa no solo de nosotros mismos, sino también de nuestro propio hogar natural: la creación entera.

AUTOEVALUACIÓN

Autoevaluación física. ¿Sufre dolores lumbares? Si es así, posiblemente sus riñones no estén funcionando bien. La función de los riñones, órganos regidos por el segundo chakra, es separar las sustancias innecesarias de aquellas que el cuerpo necesita. Como es un tóxico emocional el estrés afecta al buen funcionamiento de los riñones. Otra parte del cuerpo afectada por el estrés emocional o un trauma –como, por ejemplo, el abuso sexual– es el sacro, que puede desviarse e inclinar la pelvis, originando problemas de movilidad en la cadera. En el hombre genera problemas de próstata, en los testículos e infecciones en general. En la mujer puede producir quistes ováricos, fibromas en el útero, ciclos menstruales erráticos, dolor durante la penetración e infecciones en general.

Autoevalución psicológica y emocional. Como hemos visto, las emociones negativas pueden producir problemas físicos al impedir el flujo de la energía del chakra correspondiente. El sentimiento de culpabilidad y vergüenza puede producir depresión, frigidez, dependencia, sentimientos de inadecuación, falta de autoestima y desesperación.

El desequilibrio emocional puede manifestarse con reacciones muy fuertes o leves que nos señalan que hemos perdido el centro. La ira no resuelta es mejor manifestarla que esconderla; si inconscientemente la dirigimos hacia otra persona no es productiva y genera mucho dolor.

Desarrollar la madurez emocional es aprender a resolver las situaciones conflictivas en lugar de reaccionar. Respondiendo desde el centro podemos ayudar a resolver problemas al mismo tiempo que mantenemos nuestros límites personales. Si estamos descentrados, reaccionamos exageradamente y no de acuerdo con el conflicto, desde una posición de por sí ya frágil, volviéndonos agresivos o poniéndonos a la defensiva al querer imponer nuestros límites. Esto solo sirve para agravar más el problema.

EJERCICIOS

Rotación de la pelvis. Póngase de pie con las piernas separadas a la misma altura de los hombros y con las manos en la pelvis. Mueva la pelvis lentamente hacia delante y hacia atrás y luego de izquierda a derecha.

Finalmente, realice suaves movimientos circulares tratando de mover solamente la pelvis.

Meditación en el agua

Meditación en el agua. El agua es el elemento que corresponde al segundo chakra y está relacionada con la purificación interna y externa.

Para purificarse internamente, siéntese y beba lentamente un vaso de agua fría. Sienta cómo el agua pasa a través de su cuerpo, sienta la frescura del agua en la boca, la garganta, el estómago y el abdomen. Imagine que está limpiando todas las impurezas y, cuando vaya al lavabo, expúlselas.

Para purificarse externamente, tome una ducha fría, o mejor, tome un baño en un río o en una catarata. Cuando el agua caiga sobre su cuerpo permítale que se lleve todos sus sentimientos y pensamientos negativos. Repita mentalmente: «Ahora mi cuerpo está limpio, ahora mis sentimientos están limpios, ahora mi mente está limpia».

Tercer chakra: Manipura

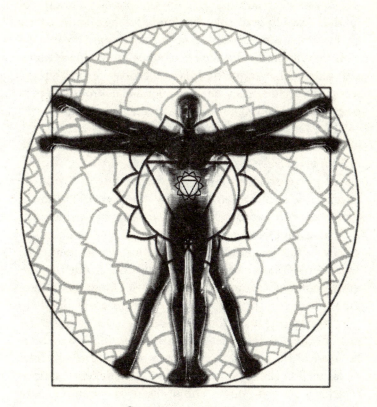

CHAKRA DEL PLEXO SOLAR

CONOCIDO comúnmente como «centro del poder», este chakra se encuentra situado en el plexo solar, por debajo del esternón.

Regido por el elemento fuego, este centro energético es un horno que purifica todas las toxinas de la superficie del cuerpo. Manipura significa «lugar del tesoro». En la alquimia el fuego es elemento que funde los metales base para convertirlos en oro. De la misma forma, Manipura es el fuego alquímico que quema todas las impurezas y conserva solo la pureza dorada del ser.

Es este el chakra que rige nuestro poder y nuestra voluntad. Así, el plexo solar es donde los elementos de los chakras inferiores, tierra y agua, se funden para crear la acción voluntaria. Desde aquí recibimos la energía a través del calor del fuego que da vida a nuestros cuerpos, a nuestras pasiones internas y que nos aporta el combustible para que podamos conseguir las cosas mediante la acción.

El plexo solar proporciona fuerza y vitalidad a nuestro campo energético; es el poder que afirma: «¡Aquí estoy!».

El plexo solar corresponde físicamente al grupo de nervios que se juntan en el plexo y que se conectan con el páncreas, el hígado, la vejiga y el bazo. Las principales funciones de este órgano son la digestión, la desintoxicación y la regulación del nivel de azúcar en el cuerpo. El estómago es, literalmente, un baño de ácidos, que desintegra y digiere eficazmente los alimentos. El hígado desintoxica la sangre y la vejiga segrega la bilis en el duodeno para neutralizar los ácidos del estómago. El páncreas regula los niveles de azúcar y el bazo la producción de células blancas, la provisión de sangre y la destrucción final de las viejas células sanguíneas. Esta zona del cuerpo tiene relación con expresiones como «¡Es estomagante!», para sugerir que algo o alguien no nos cae muy bien, o «Me revienta el hígado», para expresar ira y frustración. Estos son dos ejemplos de las características del tercer chakra.

El poder y la voluntad dependen de este chakra, y cuando experimentamos cualquier conflicto es aquí donde lo sentimos. Situado por encima del segundo chakra –que rige nuestro sentido de autoestima y equilibrio emocional–, este centro energético es afectado por cualquier desequilibrio. Toda deficiencia en este chakra afectará nuestra vitalidad y fortaleza y se la puede percibir desde fuera. Surgen así las antinomias: fuerza frente a debilidad, dominio frente a sumisión, ganador frente a perdedor. Esta no comprensión de la naturaleza del poder real provoca un mal uso de él y la comunicación energética entre las personas se convierte en un continuo deseo de vencer o ganar siempre, y cualquier don intuitivo que se tenga es usado para oponerse a la debilidad del otro. Tenemos que aprender a ser poderosos sin necesidad de quitarle poder a los demás.

Como está relacionado con el poder y la voluntad, este chakra es la morada del ego, la conciencia personalizada que atraviesa el mundo. Aquí desarrollamos nuestra propia verdad, tenemos la posibilidad de ser únicos y desarrollar formas que definen al ser. Ser únicos significa que algunas veces debemos nadar a contracorriente, correr el riesgo de ser criticados y atacados. Si esta es nuestra verdad, entonces el poder de este chakra nos dará fuerzas para resistir.

En este chakra es donde comienza verdaderamente el proceso de individuación, caracterizado por la ruptura con el control, influencias y creencias provenientes de fuera y que simboliza el corte del cordón umbilical.

En el libro *Iron John,* de Robert Bly, su protagonista adolescente tiene que robar la llave dorada de debajo de la almohada de su madre para liberar de su prisión al hombre salvaje. El hombre salvaje es un símbolo de su propia rebelión, y debe robar la llave ya que su madre nunca se la dará.

Al cortar nuestro cordón umbilical nos decimos: «¡Puedo sentir, pensar, actuar y sobrevivir por mi cuenta! ¡Soy mi propia autoridad, ya no necesito ninguna mano a la que agarrarme!». Este proceso, según la teoría tradicional de los chakras, ocurre entre los 14 y 21 años de edad. La rebelión del adolescente es la forma de establecer su poder personal y estabilidad. En su libro *Eastern Medicine, Western Mind,* Anodea Judith sitúa este desarrollo del chakra entre los dos y los cuatro años, y la actitud del niño es una demostración de su voluntad de establecer su independencia.

La alternativa consistiría en conformarse con la opinión pública porque requiere menos energía y esfuerzo, y su resultado es el debilitamiento del espíritu del individuo y la pérdida de libertad.

El desequilibrio en los dos chakras inferiores impedirá el proceso de individuación a causa de la falta de confianza y de autoestima del sujeto.

Si somos emocionalmente inseguros y desconfiamos de nuestro lugar en el mundo, es virtualmente imposible desarrollar un sentido del poder personal que no dependa del dominio sobre los otros.

El desarrollo del ego es una parte importante de nuestra capacidad para funcionar en este mundo. Pero si el ego utiliza el poder sobre los otros, si se ve como ente separado de los demás, inmediatamente se polariza y el mismo mundo y la misma gente se convierten en algo que el ego necesita para defenderse y protegerse de la gente y del mundo.

El ego es sano si se encuentra en un sano estado de abandono a la Creación y abierto a la energía que proviene de los chakras superiores. El plexo solar se convierte entonces en el lugar en que se unen el amor universal y la Creación con el ser personalizado que ha ascendido a través del desarrollo del primero y segundo chakras. La energía del plexo solar, la fuerza que hay detrás de la acción, se convierten en un vehículo mediante el cual surgen la Verdad, el Amor y la expresión personal. Si el ego se muestra indiferente al Amor universal que fluye desde el corazón y presenta un desequilibrio energético en los chakras inferiores, sufrirá una distorsión.

El poder, que es sustentado por el ego, se manifiesta a través del papel del ego de ser él quien toma las decisiones. El ego tiene el poder de escoger. Si elige creer en una realidad ilusoria, el ego no solo tiene el poder de hacerlo, sino que continúa usando su poder para crear esa ilusión, y esto convalida sus creencias. Cuando algo que puede amenazar su idea de la realidad toca al ego, este actúa rápidamente para defenderse.

Como el desarrollo del tercer chakra está relacionado con la formación de la autoridad personal y la integración del poder, pueden producirse desequilibrios en ese centro cuando otorgamos nuestro poder a una autoridad externa. La formación de la expresión individual a través del ego se produce en la niñez. Los límites impuestos al niño bajo la forma de modales, reglas y disciplinas suponen una ayuda para que pueda desarrollar un comportamiento correcto, determinando lo que en el entorno del niño es una conducta aceptable.

Cuando los límites son confusos y están cambiando constantemente, el niño pierde confianza en la autoridad. Si estos límites son forzados inconscientemente, o bien de forma agresiva o indecisa, el niño se convierte en una persona temerosa que no sabe cómo actuar. Su autoridad interior en formación tomará como ejemplo la autoridad externa y el niño desarrollará sus límites con la misma confusión de esa autoridad. Su voluntad activa habrá de desarrollarse de forma agresiva o sumisa porque así se lo han enseñado.

En lugar de enseñar límites sanos al niño, a que piense por sí mismo y desarrolle su propia voluntad, la autoridad distorsionada desestabilizará su voluntad provocando en él inseguridad y perturbaciones emocionales negativas que afectarán su «centro del poder». El juicio y la crítica excesivos, o el tener que conformarse pese a sus deseos, harán surgir en el niño un sentimiento de vergüenza.

Este tipo de disciplina significa en realidad controlar la natural voluntad del niño, generalmente castigándolo para reforzar las reglas. Existe una gran diferencia entre establecer unos límites sanos y reforzar el control de las reglas mediante la intimidación.

La mayoría de los niños son muy perceptivos y captan rápidamente si alguien está diciéndoles: «Haz lo que digo y no lo que hago». Ser conformista tiene su recompensa, pero a costa la propia individualidad. Nuestra voluntad natural siente rabia cuando se la reprime y cuando solo tiene distorsión en la que modelarse. El niño aprende así a utilizar el poder de forma insana, a manipular el poder para triunfar o para conseguir lo que quiere.

En el mundo de los adultos la falta de autoridad personal se manifiesta en la búsqueda de la aprobación de una autoridad externa. Nuestro sentido del poder se vuelve dependiente de la aceptación externa y obtenemos nuestro sentido del orgullo mediante la aprobación y reconocimiento de un poder que proviene de un lugar que no controlamos. Comenzamos a definirnos a través de la aprobación o no aprobación de nuestros actos. Si hemos trabajado bien y ello es reconocido, eso nos halaga y nos hace sentir poderosos: por el contrario, nos sentimos débiles si se nos critica.

Las personas muy sensibles encuentran muchas veces difícil vivir en este mundo, se sienten abrumadas por la actitud dominante de los otros. La ira, la agresión, la competitividad y la actitud controladora les puede recordar la actitud de un padre, una madre o un maestro dominante. Muchas personas que practican Reiki se muestran susceptibles ante estas energías cuando se han despojado de sus capas defensivas.

Se han desarrollado muchas técnicas protectoras para tratar este problema, pero solo se indican cuando estos sujetos han experimentado tales sentimientos porque han suprimido sentimientos parecidos hace mucho tiempo. Observar nuestro interior nos revela a menudo que los chakras inferiores no se han saneado y que aún no hemos encontrado un equilibrio interno. Estamos operando todavía con el principio de preferencia. A pesar de estar abiertos y de acuerdo con todo, cuando nos sucede algo que nos hace sentir mal nos defendemos y protegemos.

DESEQUILIBRIOS

Las enfermedades se producen por un mal funcionamiento de este chakra que puede afectar todos los órganos regidos por él. Podemos encontrar así algunas enfermedades del aparato digestivo, como la hernia de hiato, la falta de apetito y la bulimia.

Una conocida mía que padeció bulimia durante muchos años me dijo que cuando se ponía mal se provocaba los vómitos para arrojar las cosas que era incapaz de digerir. Se trata de una persona muy abierta, que siente profundamente los conflictos y las emociones y su bulimia era una de forma de deshacerse de ellas.

El sano funcionamiento del hígado, páncreas y bazo es afectado por la rabia reprimida, provocando muchas enfermedades. Nuestra estructura ósea puede provocarnos también dolores en los hombros y el cuello y producirnos dolores de cabeza y migrañas como consecuencia de adoptar reiteradamente posturas defensivas.

Los problemas en hombros y cuello suelen deberse a que en esas zonas cargamos el peso de nuestras expectativas y de nuestra vergüenza. Generalmente suelen ser un signo de que hemos perdido el poder de vivir nuestra vida independientemente, libre de manipulaciones emocionales.

Los problemas con la comida, los problemas digestivos y las úlceras son producidos porque no podemos «digerir» los conflictos y los problemas con el poder.

Las perturbaciones producidas por la diabetes y la hipoglucemia se deben a que no podemos controlar nuestro propio metabolismo.

Los problemas hepáticos y del bazo son producidos por la rabia que suele producirnos el ser manipulados.

Las afecciones de chakra correspondiente al plexo solar son resultado de la dificultad para manejar el poder. O bien el centro de poder se pone hiperactivo provocando un comportamiento agresivo, dominante, controlador, manipulador, violento, sádico, terco, arrogante y de mal genio, o bien es poco activo, mostrando debilidad, desesperación, pesimismo, masoquismo, mentalidad victimista y desconfianza.

AUTOEVALUACIÓN

Autoevaluación física. Es muy difícil separar los problemas físicos, emocionales y psicológicos del «centro del poder», ya que una perturbación en uno de esos campos está claramente relacionada con los otros. Para poder autoevaluarse o evaluar a otros resulta muy útil observar la postura y el lenguaje personal.

Para diagnosticar un desequilibrio en el plexo solar, observe cómo se comporta la persona, ya que el cuerpo no miente. Cruzar los brazos sobre el plexo solar es una postura que expresa ansiedad y la forma común de autodefenderse. Cuando el sujeto se siente expuesto o emocionalmente vulnerable cruzará sus brazos sobre la parte inferior del estómago, inclinándose hacia delante en actitud de sumisión. Una postura agresiva es similar, pero el sujeto cruzarán los brazos un poco más arriba e inclinará su cuerpo hacia atrás, sacando pecho. Estas posturas son reacciones físicas inconscientes que reflejan la ansiedad experimentada en el «centro del poder» ante un posible conflicto. Sufrir alguno de estos trastornos físicos mencionados indicaría un desequilibrio de la energía en este centro.

Autoevaluación psicológica y emocional. La rabia reprimida produce muchas toxinas en el sistema digestivo alterando su sano funcionamiento. Si, en cambio, es dirigida hacia fuera, provoca la misma toxicidad en otra persona.

Si el plexo solar está desequilibrado, puede que haya una falta de fuego y, por lo tanto, de vitalidad. Puede que el sujeto ceda así su poder a otra persona o que sea una personalidad muy ansiosa, reservada o tímida. El sujeto aparenta debilidad y mantiene una actitud pesimista.

Si el fuego es muy fuerte, la persona puede ser agresiva, controladora, egocéntrica e insensible y puede presentar una tendencia al sadismo y a dominar a los demás.

EJERCICIOS

¿Cuántas veces nos hemos visto juzgando severamente a personas o situaciones a nuestro alrededor? Parte del proceso de vivir en un mundo de creencias y opiniones rígidas es la necesidad de estar convalidándolas permanentemente. El modo en que lo hacemos es proyectando nuestra ideología en el mundo.

Si los demás no comparten a nuestras ideas, los juzgamos, nos volvemos intolerantes y prejuiciosos. Si pudiéramos invertir esta actitud, podríamos ver nuestra severidad y arrogancia.

He aquí un ejercicio que puede ayudarnos a aceptar el mundo y las personas que nos rodean.

Inspirar nuestros juicios y exhalar nuestra aceptación

Marko Pokajnick

Comience simplemente sentándose y observando la situación que lo desasosiega. Al inspirar, recoja todos los juicios que ha emitido, al exhalar acepte la situación tal como es. Repita el proceso hasta que perciba un sentimiento de gratitud con usted mismo.

Este ejercicio puede ser realizado junto con otra persona, especialmente con su pareja.

El puño. Forme un puño con una mano e imagine que es su plexo solar. Visualice que lo está agarrando muy fuertemente. ¿Qué representa un puño cerrado para usted? ¿Rabia, pelea, agresión, defensa o protección?

Deshaga ahora el puño, relájese y abra su mano. ¿Cómo se sentiría su plexo solar si estuviese así? Visualice la relajación, liberación y apertura y su bienvenida a una mano abierta. Imagínese siendo así con la gente.

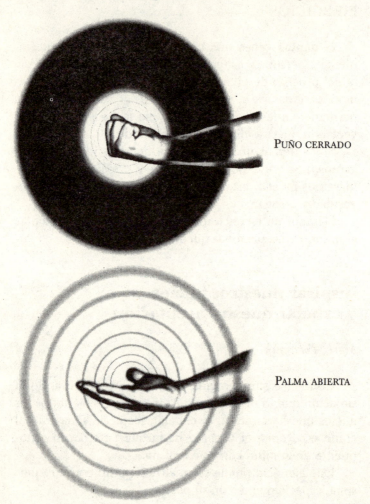

Puño cerrado

Palma abierta

Cuarto chakra: Anahata

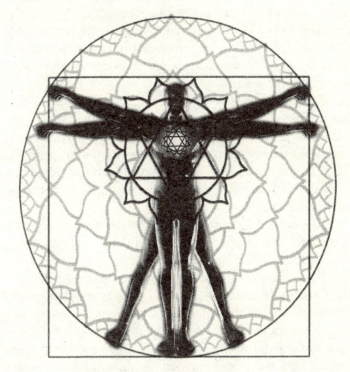

CHAKRA DEL CORAZÓN

Conocido también como «centro del corazón», este chakra, situado en medio del pecho, proporciona energía vital al corazón y a los pulmones.

Anahata significa «Eso que es siempre nuevo», y sugiere que la esencia del chakra del corazón es perpetuamente nueva, un recipiente de amor siempre lleno.

Corresponde a este chakra el color verde esmeralda, color situado en el centro del arco iris.

Nuestra íntima conexión con la tierra la percibimos a través del corazón. El verde de la naturaleza resuena con el color de este centro nutriendo el corazón.

Regido por el elemento aire, a través de él el chakra Anahata intercambia su respiración con el entorno, del mismo modo en que los grandes bosques actúan como pulmones de la tierra.

La apertura de este centro energético determina nuestra intimidad con el entorno. Un cantante no puede cantar sin respirar, y no puede cantar dulcemente sin amor.

El centro del corazón es el centro de nuestra energía. Está simbolizado por un triángulo hacia arriba y un triángulo invertido que determinan que «así como es arriba, así es abajo».

El centro del corazón es nuestro verdadero lugar de descanso, donde se reúnen el flujo de la energía del ser del espíritu y el ser de la tierra.

El corazón es donde podemos ver qué es lo que fluye a través de una persona. Si el flujo energético proveniente de los chakras inferiores o superiores contiene dolor, resentimiento, traición o abandono, y la mente está perpetuamente obsesionada en ello, eso será lo que expresemos a través del corazón. Se dice que los ojos son «el espejo del alma» y el alma reside en el corazón.

¿Puede asombrarnos que los ojos de un niño puedan mirar directamente, tan luminosos, totalmente abiertos, sin nada que ocultar? Ellos son el simple reflejo de la apertura de su corazón. Si el corazón se endurece y cambia para protegerse, eso se refleja en los ojos. Ser es morar, permanecer en el corazón a pesar de lo que suceda a nuestro alrededor. Mantenernos incondicionalmente abiertos para convertirnos en verdaderos seres humanos es probablemente la actitud más difícil de adoptar.

El chakra del corazón nos impulsa a estrechar vínculos con los demás, y es mediante este centro energético como podemos establecer amistades profundas y relaciones íntimas. En un mundo perfecto el amor que sentimos por alguien debería existir siempre, hasta en medio de un conflicto; no dependería de que la otra persona nos dé lo que queremos, ni importaría la forma que el otro reaccione para que nuestro amor permanezca incondicional.

La forma en que amamos y la apertura de nuestro corazón dependen de cómo hemos evolucionado a través de nuestros chakras inferiores. Si durante nuestro desarrollo emocional nos han abandonado o herido, de algún modo llevaremos esto como una fractura interior. Los problemas que padecemos pueden socavar cualquier relación que tengamos. Mantener la falta de confianza, de seguridad emocional, de autoestima y de autoridad personal en una relación no nos proporcionará, sin duda, una relación armoniosa.

Si ponemos condiciones en nuestras relaciones, es porque en el pasado nos han herido. Nuestro corazón se abre o cierra según cómo actúen los demás con nosotros. Si nuestras necesidades están satisfechas, abrimos el corazón y amamos. Si no, nos cerramos y rechazamos al otro retirándole nuestro amor.

Una relación puede mostrarnos cuáles son nuestros problemas. Nuestras sombras del pasado se revelan a través de la dinámica y los dramas de nuestra relación. Si la relación es segura, nos proporciona un lugar sano donde integrar esos aspectos por tanto tiempo reprimidos. Solo a través de la intimidad del corazón creamos una relación real.

Si dos personas están unidas desde este centro del corazón y surgen problemas desde los chakras inferiores provocando un conflicto, con el tiempo llegarán a comprender que no vale la pena desterrar el amor de sus corazones cerrándolos. Es mejor confiar en el corazón que en los patrones de conflicto que puedan surgir.

Si cambiamos sucesivamente de relación, es porque solo deseamos el placer que nos aporta la relación sin aceptar el dolor. Cuando surgen problemas que al ser examinados por nuestro ego se manifiestan como conflictos, nos retraemos sintiéndonos dolidos, llenos de rabia. Entonces nos separamos y buscamos otra persona que nos dé una vez más placer, pero con la nueva pareja volverán a surgir los mismos conflictos.

Estar enamorado es como volver a ver otra vez a través de los ojos del niño. El amor penetra cálidamente nuestro corazón y sus suaves pétalos se abren como los de una delicada flor en un día soleado.

La pérdida del amor hace que el ego retroceda retornando a su lugar de origen: los chakras inferiores, los problemas y los patrones. Buscando justificarse así, sin abrirse nunca más, el ego se pone del lado de sus desequilibrios y su sombra afirmando: «Te lo advertí, amar no es seguro, mejor no abrirse más y quedarse aquí abajo, conmigo».

El día que se pierde el amor y en vez de retirarnos permanecemos en nuestro corazón, dejando entrar al dolor, abiertos a él de la misma forma que lo estábamos al placer de amar, en ese momento nos anclamos en el corazón. Una vez que experimentemos la apertura de nuestro corazón la desearemos para siempre, pues sabemos que es así como se debe ser.

¿Cómo podemos saber si tenemos el corazón abierto? Si está abierto, todo nuestro cuerpo se manifiesta pleno de apertura, nuestra postura es abierta y nuestros ojos brillantes pueden mantener la mirada sin nada que ocultar, nuestra voz es suave y nuestro campo energético irradia calidez y compasión. Hay una evidente presencia, mezcla de humildad y de poder.

Un corazón abierto es el fértil lecho que nos permite revelar nuestra real naturaleza. Nuestro ser interior, espíritu o naturaleza divina, se comunica desde el corazón. Con un corazón abierto nuestro cuerpo manifiesta amor, luz y verdad, cualidades que al penetrar nuestra mente aportan claridad, amor y verdad a nuestros pensamientos. Cuando estas cualidades impregnan nuestras emociones podemos experimentar sentimientos reales, y cuando penetran nuestra intuición nos permiten tener percepciones reales.

Si el corazón está cerrado, no podemos confiar en nuestros pensamientos, sentimiento o percepciones.

No resulta sorprendente que el Reiki sea tan popular, porque para poder canalizar el amor el corazón tiene simplemente que abrirse.

Participar en un taller de Reiki es recibir un baño de energías del corazón. Experimentar esa apertura nos transforma, nos ayuda a observar desde el amor nuestra sombra, a sanar las heridas colocándolas en el corazón. Vistas desde él, nuestras heridas se ven como algo que siempre nos ha causado separación y dolor. Comenzamos a entender el dolor que hemos causado actuando desde nuestra sombra sin dominarnos. La compasión, la aceptación y el perdón para los demás y para nosotros mismos se encuentran en este chakra.

La sanación se produce llevando el problema al corazón, donde podremos verlo en su realidad y hacer que deje de tomarnos con tanta intensidad, ya que dentro de él igualará su atracción con la del suave tirón del amor. Aferrarse al problema significa abandonar el corazón y eso no tiene sentido.

La compasión, el perdón, la aceptación y la sabiduría son cualidades que se desarrollan mediante el simple acto de «permanecer en nuestro corazón».

El elemento aire que corresponden al corazón proporciona amplia libertad al ser. La influencia del espíritu inspira y estimula la seguridad del ser.

En el drama épico *Mahabarata*, dirigido por Peter Brooks, hay una escena donde los hermanos beben de las aguas de un lago envenenado y mueren. El hermano que los sobrevive los encuentra muertos y suplica al lago que les devuelva la vida. El lago le dice entonces: «Si me contestas correctamente esta pregunta, lo haré, y si no tú también morirás: ¿Cuál es la cualidad más atractiva en el ser humano?». Y el hermano responde: «Que es simplemente mortal y vive como si fuera eterno». El lago, satisfecho, devuelve entonces la vida a sus hermanos.

El corazón nos confiere nuestro espíritu y nuestro coraje. De una persona valerosa se suele decir que «tiene el corazón de un león». Es en el chakra Anahata, «la joya eterna para la que todo es siempre nuevo», donde podemos encontrar nuestra vida eterna.

DESEQUILIBRIOS

El elemento aire, que rige «el centro del corazón», nos da un indicio de cómo los desequilibrios pueden afectar este chakra. Los pulmones, mediante la respiración, controlan el flujo de este elemento dentro y fuera del cuerpo. Sabemos que no podemos respirar siempre hacia fuera, nos pondríamos azules y nos desmayaríamos. Si respiráramos continuamente hacia adentro, explotaríamos.

De la misma forma, el centro del corazón nos permite desarrollar lo natural de dar y recibir. Si hemos entendido mal esta característica, tendremos tendencia a dar nuestro amor constantemente en perjuicio nuestro, no podremos nunca satisfacer nuestro anhelo de amor porque constantemente lo vemos fuera.

El dar algo, ya sea amor, sanación, apoyo, consejo o bien un regalo, no debe llevar impuestas condiciones personales. Si llevamos un registro de lo que hemos dado solo para usarlo más tarde, para manipular la situación para nuestra ventaja, ¿estábamos dando realmente? Si hacemos un acto de caridad y luego lo propalamos para demostrar lo caritativos que somos, ¿quién se beneficia al dar?

Si cuando la gente acude a nosotros para que les curemos, nuestro sentido de la autoestima como terapeutas está condicionado por el logro de la sanación, ¿los induciremos a liberar emociones cuando ello no es apropiado?

Es muy peligroso actuar como «sanador herido», es decir, si no hemos acabado de examinar completamente nuestras heridas, y pretender ayudar a otros en su proceso personal haciéndoles ver cosas que nosotros mismos no estamos preparados para ver.

Dando constantemente estamos controlando, sofocando y negando espacio a los demás para que cuiden de sí mismos. Ellos necesitan comer cuando quieran, sanarse cuando lo deseen, compartir cuando quieran y liberarse cuando quieran marcharse. Para dar, debemos examinar nuestras verdaderas motivaciones y cuidar de que no estemos obteniendo más que el simple acto de dar.

Poder recibir exige ser como un receptáculo en el cual el que da pueda colocar su dones. A menudo erramos al no recibir con gracia. Es como si sintiéramos que no lo merecemos, que somos indignos de recibir. Muchas veces la gente se siente más cómoda dando que recibiendo.

Es importante ser conscientes que cuando se recibe hay que hacerlo con amor. Para mantener la integridad de un intercambio ambas personas deben estar en su lugar. Por eso es por lo que resulta difícil ayudar a gente que no cree merecer su buena suerte, porque simplemente no pueden recibir.

En las relaciones este proceso de dar y recibir es frecuentemente distorsionado. Ofrecemos amor si el otro actúa en forma apropiada. Cuando las cosas nos gustan, amamos, y cuando no, retiramos nuestro amor.

La dependencia es obsesionarse con el otro, no poder funcionar sanamente en la relación. Podemos ser posesivos, celosos y poner muchas condiciones a los demás.

El amor es nuestra gran adicción, y como cualquier adicción nos hace perder la noción de lo que es bueno para nosotros. Muy frecuentemente establecemos relaciones abusivas que reflejan nuestro ser herido. En una relación suelen formarse patrones que reflejan el desequilibrio energético del centro del corazón. Nos enamoramos de alguien proyectando en él absoluta perfección y a los pocos meses abandonamos y rechazamos fríamente a la misma persona, diciéndonos: «No era así cuando la conocí».

El chakra del corazón revela sus desequilibrios a través de un amor excesivo si solo sirve para satisfacernos, o mediante el cerrarnos retirándonos en nuestro ser rechazando fríamente el amor desde nuestro corazón.

Lo único que tiene valor es la integración de la conciencia dentro de un corazón abierto. Cerrar el corazón es negarle a la Creación el lugar de la morada que ella ha creado para nosotros. Tener el corazón cerrado significa no conocer nunca este ser eterno, aferrarse a la tierra, ser lanzado a las aguas emocionales y luchar entre las llamas del conflicto. Solo a través del corazón podemos elevarnos desde lo que creemos que somos y convertirnos en lo que realmente somos, un ser humano.

AUTOEVALUACIÓN

Autoevaluación física. Cuando el corazón está cerrado, el lenguaje del cuerpo se vuelve rígido. Si abrazamos a alguien que tiene el corazón cerrado, veremos que carece de la capacidad de ablandarse. El corazón cerrado revela un interior herido, un ser que no se siente amado, que cree que no puede ser amado; alguien que no quiere correr el riesgo de hacerse querer por temor a ser herido nuevamente.

Cuando el corazón está abierto y la energía del dar es el principal objetivo, el lenguaje corporal de la persona es abierto. Esa persona se mostrará siempre deseosa de abrazarnos, escucharnos, saber qué es lo que nos pasa. Su abrazo será intenso, como si se llevara más de lo que nos está dando.

Problemas respiratorios tales como el asma, la bronquitis y la respiración entrecortada indican desequilibrios en este chakra, así como también probables problemas de corazón y depresión.

Autoevaluación psicológica y emocional. Conceptos idealizados y románticos sobre el amor, amar con condiciones, obsesión, celos, posesividad, amor asfixiante, son algunos de los aspectos que indican desequilibrio emocional o psicológico en este chakra.

Cuando alguien quiere dar algo a una persona que padece este desequilibrio, esta responderá: «¡Oh, no, no puedo aceptarlo en absoluto!». Contradecir todo lo que el otro dice, ser pesimista, amargado, cruel, iracundo, tener tendencia al aislamiento y adoptar una actitud ofensiva con el fin de rechazar, son algunas de las manifestaciones de desequilibrio en este chakra.

EJERCICIOS

Marko Pokajnick

El símbolo central del chakra del corazón es la estrella de David, formada por un triángulo hacia arriba y un triángulo invertido, cuyo simbolismo es «tal como es arriba, así es abajo». En este ejercicio procederemos a crear este símbolo con los brazos y afirmaremos nuestra conexión con la tierra y el espíritu.

Póngase de pie con los pies separados a la misma altura de los hombros y las rodillas flexionadas. Con los brazos hacia abajo, las palmas hacia dentro y los dedos tocando la base del chakra forme un ángulo en forma de uve. Vaya deslizando las manos hacia arriba, llévelas hacia fuera hasta extenderlas completamente por encima de su cabeza formando un imaginario triángulo invertido. Repita mentalmente: «Tierra y Espíritu». A continuación junte los dedos con las palmas enfrentadas por encima de la cabeza y proceda a trazar un triángulo imaginario hacia fuera y hacia abajo, afirmando mentalmente estas palabras «Espíritu y Tierra». Repita el ejercicio hasta que se sienta conectado.

Respirar. Como el elemento correspondiente a este centro energético es el aire, al centrarnos en el chakra Anahata respirando conscientemente podemos ayudar a que este centro se abra. Es este un buen ejercicio que podemos practicar en cualquier momento, especialmente antes de proceder a realizar una sanación.

Quinto Chakra. Vishuddha

CHAKRA DEL CUELLO

CONOCIDO comúnmente como el «chakra del cuello», tal como su nombre indica está situado en la zona del cuello y de la garganta, y afecta a las glándulas tiroides y endocrina, situadas en la base del cuello.

La glándula tiroides produce hormonas que regulan el metabolismo celular, estimulan el crecimiento y el desarrollo del cuerpo físico, el despertar de la pubertad y el desarrollo de la madurez sexual. Situada alrededor de la cuarta vértebra cervical, rige la laringe, oídos y boca.

El chakra Vishuddha es el puente entre nuestro ser interior y la creación externa. Situado en la garganta, está relacionado con la comunicación. El elemento que le corresponde es el éter y sirve de base de interconexión entre muchos niveles o planos de existencia.

El campo etérico está constituido por vibraciones, frecuencia y resonancia. Este chakra nos conecta con todos los niveles de la Creación –físico, emocional, mental, volitivo, intuitivo y espiritual– por medio de las vibraciones. El lenguaje está compuesto, literalmente, por vibraciones que al chocar contra el tímpano del que escucha se traducen en sonidos que el cerebro reconoce e interpreta como palabras. Si ponemos un altavoz en un volumen muy alto junto a un vaso con agua, el agua resonará con las profundas vibraciones, mostrando las frecuencias del sonido como ondas en su superficie.

Lo que es más interesante es el efecto emocional que la música tiene sobre nosotros. Una pieza de música clásica nos conmoverá de manera muy distinta que una de *rock*, lo cual nos hace entender que al coordinar los sonidos de las vibraciones el compositor está animado por una intencionalidad: si la música es melancólica, ha de provocarnos melancolía, y si está llena de alegría, nos infundirá este sentimiento.

De la misma forma, la voz no solo comunica nuestras palabras, sino también la carga emocional que contienen. Un maestro entusiasta de su especialidad ha de transmitir ese entusiasmo a sus discípulos. Si somos felices, esa felicidad estará presente en todo lo que decimos. Cualquiera sea nuestro estado, cuando nos expresamos la estamos comunicando siempre.

Las vibraciones son ingredientes básicos de la Creación. La teoría del *big bang*, término acuñado por el físico George Gamow, sugiere que el universo comenzó hace quince mil millones de años a partir de la explosión de una partícula subatómica. Un receptor de radio puede registrar todavía hoy, como un rumor de fondo, la lluvia de partículas producidas por esa primera explosión. También si encendemos un televisor sin sintonizar ningún canal podemos ver miles de puntos, y lo que estamos viendo es esa misma lluvia de partículas.

En el primer capítulo del Evangelio según San Juan está escrito: «En el principio era el Verbo, y el Verbo estaba con Dios, y el Verbo era Dios».

La Creación está constituida por partículas organizadas en vibraciones de diferentes frecuencias. Todo es Creación, desde el movimiento de los átomos y electrones hasta la formación de las estrellas y las galaxias, y está determinada por la frecuencia en la que todo vibra.

El agua es líquida porque vibra en una particular frecuencia. Si la calentamos, sus partículas cambian de frecuencia vibrando más rápidamente para convertirse en gas. Si, en cambio, la congelamos, ocurrirá lo contrario, las partículas vibran más despacio y se convierte en un sólido. Así, todo lo que existe tiene una frecuencia particular.

La luz blanca se descompone en siete colores, es decir, en siete frecuencias que constituyen su espectro visual, pero existen millones de frecuencias que no podemos ver.

El quinto chakra es el centro energético que determina el espectro de nuestra comunicación. Si está abierto y bien desarrollado, tendremos un espectro de comunicación más amplio, y si está cerrado, el espectro será más limitado.

El equilibrio psicológico y emocional de una persona afecta a su comunicación. Si estamos equilibrados, resonamos armónicamente con los demás y con el entorno. Existe una facilidad, un flujo en nuestras interacciones, que reflejan cómo nos sentimos interiormente. Si, en cambio, no hay armonía emocional y psicológica en nosotros, nuestra relación con la gente y con el entorno invariablemente también lo habrán de reflejar.

Como ya hemos dicho, el universo está compuesto por vibraciones. Si fuera posible oír estas vibraciones, ¿cuál sería su sonido? Imaginemos que pudiéramos oír las vibraciones del universo. ¡Es un pensamiento increíble!

Al crear nuestra canción como individuos concordamos o no con la canción universal. ¿Cómo vivimos esto? Un jugador de tenis experimentará la armonía cuando con cada saque alcance su objetivo. Un corredor automovilístico conduciendo a trescientos veinte kilómetros por hora sentirá como si el tiempo se ralentizara y las cosas sucedieran muy lentamente. Un actor sentirá que ha cedido su cuerpo al personaje que está interpretando. Al ser el canal de transmisión de la energía, un sanador de Reiki lo experimentará de manera similar.

Así, cuando estamos libres de conflictos internos y en armonía con nosotros mismos resonamos con la armonía universal y nuestras acciones y expresiones concuerdan con la verdad universal.

Una de las funciones del quinto chakra es desarrollar la comunicación en el nivel sutil. Nuestro cuerpo etérico es muy sensible a las vibraciones energéticas del entorno. Aunque a menudo inconsciente, esta comunicación sutil determina inconscientemente nuestras interacciones y provoca frecuentemente una respuesta física bajo la forma del lenguaje corporal. Si alguien está proyectando rabia desde el plexo solar, suele ser común que cruce los brazos en señal de protección. Esta comunicación sutil se produce constantemente y puede aumentarse al purificarnos, al liberarnos de toxinas emocionales, mentales y físicas.

La comunicación intuitiva se produce a través de las vibraciones. Cuanto más refinada es nuestra sensibilidad más sutiles son las vibraciones con las que nos comunicamos. Los guías espirituales, ángeles y seres elementales se comunican a través de vibraciones. Si aprendemos a escucharlas, es posible que podamos aprender su lenguaje.

Durante el verano del año 2000, trabajando con Marko Pokajnick –a quien he mencionado al referirme al taller de «Sanación de la Tierra y Respuesta Humana»–, padecí de placas en la garganta. Estaba desconcertado, y cuando se lo comenté, Marko sonrió y me dijo: «Bueno, en realidad te estás comunicando con los ángeles terrestres y los seres elementales. Tu centro del cuello se está abriendo a nuevas formas de comunicación. Por eso tienes dañada la garganta». Era evidente, pero realmente no lo había pensado.

Nuestra capacidad de comunicar está determinada por nuestra capacidad de sintonizar con cualquier frecuencia con la que queramos comunicarnos, del mismo modo que un receptor de radio puede captar diferentes estaciones cuando sintonizamos su frecuencia. Si queremos sentir un cristal, solo necesitamos cogerlo y permitirnos fundirnos con él. Cada cristal tiene una frecuencia, y como usted y yo somos parte del mismo universo podemos sentirlo si queremos. Podemos sentir, por ejemplo, cómo las emisiones de los teléfonos móviles calientan nuestras orejas. Mientras escribo este libro puedo sentir cómo por debajo del teclado el procesador de mi ordenador portátil emite una frecuencia.

Podemos sentir las vibraciones de un lugar o de una persona. Esto es comunicación, y se puede sentir a través de las vibraciones del centro energético situado en el cuello.

A cada chakra le corresponde una frecuencia de luz y de sonido. Todos los chakras resuenan conjuntamente para formar la armoniosa melodía que constituimos.

Si un chakra está desequilibrado, puede decirse que ya no vibra en su frecuencia óptima. Con que tan solo un integrante de un coro desafine se verá comprometida la actuación de todo el coro. Del mismo modo, con que uno de los chakras «desafine», eso afectará a la armonía de los demás chakras. La enfermedad es la consecuencia de un sistema energético que no está en armonía.

Al mismo tiempo que es la puerta de comunicación con el mundo exterior, el chakra del cuello tiene dos importantes relaciones: en primer término está relacionado energéticamente con el centro del hueso sacro. En el Reiki es común equilibrar ambos chakras poniendo simultáneamente las manos sobre ambos centros. El chakra del hueso sacro contiene el fluido creativo del sistema energético, y el chakra del cuello le da expresión y, por consiguiente, un desequilibrio en el chakra del hueso sacro provocará bloqueos en el chakra del cuello, y viceversa. Por ejemplo, la falta de autoestima en el chakra del hueso sacro produce incapacidad para expresarse con confianza. En segundo lugar, el centro del cuello es una puerta entre la mente y el corazón. Es, literalmente, el «cuello de botella» por donde debe pasar la energía, y en él se pueden producir bloqueos cuando en nuestro corazón sabemos algo que nuestra mente no acepta.

Frecuentemente esto suele ocurrir cuando después de una iniciación el sujeto siente en su corazón una profunda conexión que la mente racional no acepta. El bloqueo resultante en la garganta provoca dolores de cabeza y en la séptima vértebra de la columna vertebral. Dejar pasar la energía del corazón a través de la garganta permite expresarnos y decir nuestra verdad. La verdad es una vibración del universo. Expresar la verdad es estar en armonía con el universo.

Si la Creación se compone de sonidos podemos empezar a ver cómo funciona el Reiki.

Rei Ki es Creación/Energía, la cual es Vibración/Energía.

La sanación por las manos frecuentemente se refiere a la curación de las vibraciones. La salud de un individuo depende de la relación armoniosa entre los chakras y el mundo exterior. La enfermedad se produce cuando hay un desequilibrio en esta relación. El Reiki

—energía vibracional de la Creación— vuelve a introducir el tono de la Creación. Traducimos esto como amor o calidez.

De la misma forma que usamos el tono para equilibrar un chakra, para poder equilibrar todo el sistema tenemos que introducir un tono —como el Reiki— que refleje la armonía universal.

DESEQUILIBRIOS

Cuando hablamos, nuestras palabras van acompañadas de una intención. Si lo que expresamos proviene de un estado emocional equilibrado y racional, nuestro interlocutor nos percibirá como personas equilibradas y racionales. Si la intención de nuestras palabras es manipular o engañar, nuestras palabras serán portadoras de la energía de nuestra intención de engaño. Si la expresión proviene del dolor o de la rabia, la energía que acompaña a nuestras palabras transmitirá ese dolor y esa rabia a quien nos escucha.

Cuando una persona es atacada verbalmente —entendiendo por esto el que sea criticada, culpabilizada, ridiculizada u objeto de reproche—, el efecto en su cuerpo energético no es diferente al que le causaría un ataque a su cuerpo físico. La agresión deja un trauma o una cicatriz, y su víctima llevará toda la energía negativa como una marca en su estructura energética. Esto crea perturbación, que es la antítesis de una energía sana. Si la rabia y el dolor resultados del ataque no encuentran una salida, su resonancia en la víctima quebrará su propia armonía interna provocándole enfermedad.

¿Qué se supone que debemos hacer ante una agresión? ¿Devolverla y correr el riesgo de otro ataque? ¿Descargarla sobre otra persona o simplemente llevarla dentro de nosotros? Este tipo de conflicto es muy corriente en nuestra sociedad. Si tenemos problemas de poder, control o problemas emocionales sin resolver, se reflejará en nuestra interacción con los demás. Incluso aunque nos sintamos seres conscientes y evolucionados, siempre habrá campos energéticos con los que no armonizamos.

Vishuddha significa «el más puro entre los puros». Una de las funciones del quinto chakra es purificar el ser, proceso que requiere la aceptación de que nuestra interacción con el exterior solo ha de ser armoniosa si estamos en armonía con nosotros mismos. Bajo esta perspectiva los conflictos que se nos presentan en la vida son reflejo de conflictos internos. Si analizamos nuestros conflictos externos, podremos ver lo que está desequilibrado dentro de nosotros.

En cierta ocasión me contaron la historia de un hombre muy enamorado de una mujer, pero que tuvieron que separarse a causa de sus muchas disputas. Este hombre se casó con otra mujer y fue padre de un niño, pero nunca dejó de amar a aquella primera mujer, y pese a que intentó permanecer junto a su familia, aquello no era su verdad. Alrededor de los treinta años este hombre sufrió un ataque cardiaco al que sobrevivió. A partir de entonces comenzó a vivir una doble vida, viéndose en secreto con su primer amor. Cuando llevaba ya diecisiete años casado comenzó a padecer dolores en la garganta y tener problemas para hablar. Se le diagnosticó un cáncer en la garganta que, con el tiempo, se extendió al cerebro produciéndole cambios de humor y confusión. Cuando este hombre estaba a punto de separase de su mujer le sobrevino un segundo ataque cardiaco y murió.

Aunque se trata de una historia muy triste, resulta muy interesante. Corazón, garganta y mente eran las tres partes del cuerpo de aquel hombre afectadas por los conflictos internos causados por su conducta.

Como hemos visto, a través del chakra del cuello expresamos nuestra verdad interna creando un puente entre la mente y el corazón. A través de este centro, «el más puro de los puros», expresamos nuestras emociones.

AUTOEVALUACIÓN

Autoevaluación física. ¿Sufre usted dolores de garganta, le falta fuerza a su voz o la ha perdido? ¿Suele carraspear y toser a menudo para aclarar su garganta, o tiene dificultades para tragar? ¿Suele tartamudear? ¿Suele tener llagas en la boca, padece enfermedades en dientes y encías o rigidez en el cuello o dolores de cabeza? ¿Es propenso a sufrir accidentes, se siente torpe o no en armonía con su entorno o tiene problemas de ritmo?

Autoevaluación psicológica y emocional. ¿Puede expresar claramente su opinión y sus sentimientos? ¿Es usted abierto, tiene buena disposición para escuchar otras opiniones? ¿Generalmente sabe escuchar o tiene dificultad para concentrarse en ello? ¿Encuentra usted que los demás lo escuchan? ¿Cree que la gente le critica o se enfada demasiado con usted? ¿Sabe contestar o se calla? ¿Expresa su creatividad? ¿Es usted intuitivo, clarividente?

EJERCICIOS

Rotación de cabeza. Gire varias veces la cabeza lentamente hacia la izquierda formando un círculo. Cuando sienta rigidez o dolor, deténgase, masajee la zona con los dedos y luego continúe. Después repita el ejercicio haciendo girar la cabeza hacia la derecha el mismo número de veces.

Rotación de cabeza

Expresándonos a través del tono. Expresarse a través del tono es una forma de armonizar la energía. Hacerlo a menudo nos permitirá expresar nuestros sentimientos. Elija un lugar solitario y deje que los tonos que emite reflejen su estado emocional. Si se siente mal, exprésalo a través del tono. Si está enfadado o dolido, exprésalo también por el tono y lentamente verá que sus tonos se vuelven más armoniosos.

Según mi propia experiencia, la inquietud y negatividad son reemplazadas por una energía positiva que proporciona paz. Mi lugar preferido para hacer este ejercicio es la sauna, lugar de purificación, y qué mejor lugar entonces que este para purificar la garganta, donde está ubicado el centro energético de la purificación. El ejercicio puede realizarse a solas o bien en grupo.

Sexto chakra: Ajna

CHAKRA DEL TERCER OJO

Es mejor encender una sola vela que maldecir la oscuridad.

El sexto chakra está situado en el entrecejo y rige la glándula pineal, ubicada en el centro de la cabeza. El elemento que le corresponde es la luz, lo que explica su vinculación con la visión interna. Conocido comúnmente como «el tercer ojo» –el ojo místico de la Sabiduría que todo lo ve–, es el lugar donde se juntan los tres canales de la energía, Ida, Pingala y Shushumna.

Estos tres canales comienzan su recorrido en el chakra Muladhara. Ida y Pingala se entrecruzan en cada uno de los chakras para juntarse nuevamente con el canal central en el chakra Ajna. Es aquí, en «el ojo místico de la Sabiduría», donde las energías duales –masculino y femenino, el Sol y la Luna, la luz y la oscuridad– se funden finalmente en una sola energía que asciende por el canal Sushumna hasta el último chakra para convertirse en conciencia completamente integrada.

Esta imagen nos muestra la finalidad del chakra Ajna –cuyo nombre significa «control»–, que es la de integrar nuestras experiencias internas y externas y hacerlas comprensibles mediante la luz de la sabiduría. Para ser conscientes de quiénes somos necesitamos poner la atención, dirigir la «mirada mental» hacia nuestro interior.

Así, el tercer ojo es el vehículo de la autorreflexión y el autoconocimiento. A través de él establecemos un puesto de control desde que el cual podemos tener un panorama general. Podemos así observar nuestros patrones internos y vigilar nuestros sentimientos y al mismo tiempo ver cómo incide nuestro comportamiento en el mundo exterior. Así, podríamos decir que es aquí donde tiene origen nuestra capacidad de ser objetivos y conscientes de nosotros mismos.

La dualidad del sexto chakra está determinada por la existencia consciente y la existencia inconsciente. Obramos conscientemente cuando somos conscientes de nuestros actos y tendemos a tener completa atención, templanza y sensibilidad en nuestras interacciones con los demás. En cambio, la conducta inconsciente es reactiva, automática y negligente.

Aunque somos seres humanos, nuestra conducta inconsciente es a menudo un reflejo de nuestra programación. Es el marco «ausente», nuestra reacción previamente programada a una serie de circunstancias. Al volvernos conscientes, aprendemos a modificar, a ajustar nuestro comportamiento y a superar nuestras faltas. Nuestra vida es y ha sido exactamente tal como la hemos moldeado. Si queremos cambiar nuestro futuro, primero tenemos que comprender y hacernos responsables del pasado y del presente que nos hemos creado. Esto es el comienzo de la sabiduría.

La intuición es la función clave del sexto chakra, la naturaleza femenina de la mente, que opera mediante la apertura y la receptividad. La intuición se presenta bajo la forma de imágenes simbólicas que cruzan por nuestra mente como un rayo.

El «tercer ojo» es como una pantalla interna en la que proyectamos nuestras intuiciones. Una intuición es reconocible porque está acompañada de un sentido de sabiduría muy profundo sin el cual cualquier cosa que reflejemos en nuestra pantalla interna no es, según mi opinión, confiable.

Las intuiciones se manifiestan en forma de sueños, visiones, telepatías y clarividencias.

Clarividencia es la capacidad de traducir en imágenes la energía sutil de los patrones vibratorios. Si estamos receptivos para ver lo no físico es posible ver las impresiones energéticas que produce. Ver el aura es poder ver la frecuencia de color que produce el cuerpo energético de una persona. La visión de guías espirituales, ángeles o fantasmas es resultado de que este ojo interno esté sintonizado y enfocado para percibir estas vibraciones.

Como las intuiciones, los sueños son mensajes simbólicos que nos envía la mente subconsciente cuando la mente racional está dormida. A veces encontramos solución a nuestros problemas a través de estos mensajes, otras veces simplemente recordamos nuestra real naturaleza expansiva. Liberados de las restricciones del cuerpo físico, como conciencia podemos volar y viajar por los reinos simbólicos de la mente universal.

La telepatía es la comunicación a través del pensamiento. De la misma forma que nuestra voz, nuestros pensamientos son proyectados al mundo como vibraciones, pero la frecuencia de estas vibraciones es más alta. Y también de la misma forma que nuestra voz, las vibraciones del pensamiento son portadoras de una intención. Si tenemos pensamientos negativos sobre alguien, estamos proyectando negatividad a esa persona.

Solemos utilizar la telepatía como herramienta de comunicación más veces de las que creemos, y con mayor frecuencia en las relaciones personales o entre padres e hijos. A menudo nuestra pareja suele decirnos algo que estamos pensando o que hemos pensado simultáneamente.

Las visiones son imágenes mentales de futuros posibles. El tercer ojo es la mesa de trabajo donde bosquejamos y perfeccionamos nuestras visiones antes de realizarlas en el mundo externo.

La visión no tiene apegos, es una sugerencia alrededor de la que se puede construir la realidad. Es libre de cambiar, de convertirse en algo más que la idea original. La visión opera con la Creación Universal confiriéndole espacio para que teja su magia. Cuando experimentamos una visión solo necesitamos bendecirla y soplarla al viento. La Creación necesita tiempo para tomar esa imagen y mezclarla con otros ingredientes en formas que nunca hubiéramos imaginado. Así, mediante la paciencia, dejando tiempo para que nuestras visiones se desarrollen en el mundo energético, ahorramos energía hasta que llegue el momento de actuar.

La visión que deseamos crear ya existe en el reino energético, es como una copia. Cuando actuamos, su manifestación se produce casi sin esfuerzo, está soportada desde lo alto. ¡Debemos tener cuidado con lo que pedimos porque es posible que lo obtengamos!

Para tener una real penetración psicológica acerca de las visiones internas, véase las autobiografías de Eileen y Peter Caddy sobre su visión, que se convirtió en la Fundación Findhorn, en Escocia. Se trata de un relato acerca del perfecto ejemplo de cómo dejar que el universo pueda tejer su magia, en combinación con la claridad e integridad de quienes tuvieron la visión en formas inesperadas.

La Fundación Findhorn es una comunidad escocesa creada hace cuarenta años. Durante los primeros quince años Eileen, Peter, sus dos hijos y su amiga Dorothy Maclean, vivieron juntos en una caravana entre las dunas. Cuarenta años más tarde estas mismas dunas se han convertido en los fértiles jardines de una comunidad internacional. Y todo ello ha sido producto de una visión interna muy clara.

Antes de escribir mi primer libro experimenté la visión de que lo haría, no tenía ninguna duda acerca de ello. Sabía que ello se realizaría, pero no sabía cómo. Mi única condición –según le había pedido al universo– era que debía tener un ordenador para poder escribirlo y que necesitaba ayuda, ya que se trataba de mi primer libro. Entonces lo dejé estar y me olvidé del asunto. Seis meses más tarde recibí una suma de dinero inesperada que me permitió comprarme un ordenador y una impresora. Meses después me hallaba en Ikea junto con un amigo cuando recibí por mi teléfono móvil la llamada de una ejecutiva de una compañía distribuidora de libros londinense. «Usted no me conoce –me dijo–, pero ha tratado con Reiki a un amigo mío. ¿Le interesaría escribir un libro sobre Reiki para nosotros? Luego agregó que ellos se ocuparían de buscar editor y que yo me encargaría de dirigir todo el proceso. Firmé un contrato con esa compañía y diez meses más tarde tenía en mis manos el libro. He aquí una manifestación de lo que es una visión.

Lo que generalmente impide que una visión se manifieste es su procedencia del ego. Este opera a través de la necesidad y del querer y le resulta difícil abandonar el control. La visión se presenta así como una fantasía sin real capacidad de rendirse al flujo natural para que ello ocurra. El ego quiere controlar, se aferra a aquello que quiere que suceda y no le deja espacio al universo para crear.

El sincronismo es un ejemplo de que las imágenes de nuestra pantalla interna se corresponden con su manifestación el mundo exterior. Pueden tomar la forma de símbolos y signos que al ser vistos y puestos en movimiento nos conducen a viajes inesperados, generalmente más ricos que los que hemos intentado. Cuando nos abrimos a una guía u orientación, nuestras vidas son traspasadas por la Gracia, como si estuviésemos sentados en la palma de la mano del Creador. Para poder ser guiados es preciso estar atentos y abiertos al lenguaje simbólico.

En 1994 viajé con cuatro amigos a Dingle Bay, en el sur de Irlanda, para nadar junto a un delfín salvaje llamado Funghi. Al cabo de una semana se nos acabó el dinero. Apenas reuníamos entre todos cinco libras, pero como teníamos los billetes de regreso en autobús y *ferry* desde Kilmarnock no nos preocupamos demasiado.

Cuando llegamos a la terminal, en el autobús no había asientos vacíos, por lo cual no pudimos tomar el *ferry*. No nos habíamos dado cuenta de que era un día festivo y parecía que todo el mundo viajaba al Reino Unido. Al preguntar si más tarde salía otro *ferry* nos informaron que tan solo había un *ferry* que partía desde Dublín —a seis horas en coche de donde estábamos—, pero que no había autobuses para llegar a Dublín. Como estaba lloviendo torrencialmente hacer autoestop no resultaba una buena idea.

Decidimos ir entonces a un café donde compramos té y bizcochos con nuestras últimas cinco libras. Ninguno de nosotros se mostraba preocupado, ya que toda la semana había sido una gran aventura y este episodio parecía ser parte de ella

Apenas habíamos comenzado a beber nuestro té cuando pudimos oír a través de los altavoces una voz que con pronunciado acento irlandés estaba informando: «Un servicio especial de autobús a Dublín sale dentro de cinco minutos desde el andén cuatro». Nos miramos, dejamos nuestro té y salimos corriendo en dirección al andén cuatro. Allí nos estaba esperando un antiguo autobús de los años cuarenta cuyo conductor nos sonreía.

«¿Va a Dublín?», gritamos
«¡Sí, suban a bordo!»
«¡Pero no tenemos billete!», dijimos.
«En mi autobús no lo necesitan», nos contestó el chófer.

Así fue como tan solo nosotros cuatro y el conductor viajamos Dublín. Durante todo el trayecto el chófer fue cantándonos a través del micrófono canciones de Elvis Presley e incluso se detuvo para invitarnos a una cerveza. Cuando por fin llegamos por la noche a Dublín, en el autobús del *ferry* solo quedaban cuatro plazas vacías. ¡Justo las que necesitábamos!

Lo que había ocurrido era que aquel conductor había venido desde Dublín para dejar unos viajeros que iban a Kilmarnock y se le había ocurrido que podría haber alguien que necesitara ir a Dublín.

Si queremos dar sanación a distancia a alguna persona, necesitamos centrar la atención en esa persona y concentrarnos en ella. Es como un sistema de seguimiento por radar que se concentra en el blanco para lanzar un misil. Una vez que nos hemos concentrado en esa persona con nuestro «ojo de la mente», podemos enviar sanación desde nuestro corazón y pensamientos positivos desde nuestra mente.

El tercer ojo es la herramienta que utilizamos para alcanzar el cuerpo sutil de una persona, y al concentrarnos en ella su imagen se desplegará en nuestra pantalla interna. Con la práctica, mediante la disciplina, esta concentración puede llegar a ser una herramienta muy efectiva.

En febrero de 2001 me hallaba dando clases de Reiki en Escocia cuando decidimos mandar sanación a las víctimas de un terremoto que había tenido lugar diez días antes en la costa occidental de la India.

Me conecté con el acontecimiento y, de repente, en el «tercer ojo» tuve la imagen de hallarme atrapado en la oscuridad. Era algo terriblemente perturbador y tuve que esforzarme para mantenerme concentrado en esa imagen. Durante unos diez minutos sentí fluir a través de mi cuerpo una gran cantidad de energía. Luego compartí lo que había visto y experimentado con los integrantes de aquel grupo.

Al día siguiente, David nos dijo: «¿Os habéis enterado que anoche han sacado de debajo de los escombros a una mujer viva?».

Fue muy hermoso enterarse de ello y pensé que de algún modo nuestro pequeño grupo había ayudado. Nunca sabremos si ello fue así, pero se trataba, de todos modos, de un hecho afortunado.

DESEQUILIBRIOS

Como la función del sexto chakra es integrar las dos funciones de la mente –la mente masculina, lógica, racional, lineal, y la mente femenina, intuitiva, visual y abstracta–, hay desequilibrio cuando el desarrollo de un aspecto de la mente se produce a expensas de otro.

Si la mente es demasiado racional en detrimento de la parte intuitiva, el sujeto no tiene voluntad alguna de considerar los puntos de vista alternativos. La mente se vuelve intermitente y escéptica y adopta la consigna del «solo creo en lo que puedo ver con mis propios ojos». Si a este tipo de personas se le sugiere que en realidad poseemos tres ojos, nos mirará como si estuviésemos locos. Como carecen de imaginación, si se les describe algo, será muy difícil para ellas visualizarlo en su mente. Les falta sutileza en la comunicación, no pueden ver lo que hay detrás. Se trata del tipo de personas que interrumpen una conversación privada sin darse cuenta. No tendrán en consideración los sueños ni los impulsos intuitivos que vienen de dentro. Si tienen visión para crear algo, será hecha de prisa, sin dar tiempo a que se desarrolle orgánicamente. Serán incapaces de aceptar las alternativas, negándose a considerar otros puntos de vista. Es este tipo de personas el que construyó la carretera de Winchester en Inglaterra, destruyendo las más bellas marismas y humedales. No estaban preparados para considerar alternativas. Quienes protestaron por semejante hecho fueron tildados de «chiflados obsesionados con el medio ambiente». Es muy triste, pero parece que la gente que ha perdido el contacto con su mente intuitiva es quien está a cargo del mundo. Las líneas rectas y las estructuras de hormigón constituyen el testamento de la falta de creatividad y de imaginación.

Otro desequilibrio se produce cuando la mente completamente atrapada en los reinos simbólicos de la fantasía pierde su conexión con la realidad. Las alucinaciones son el resultado de vivir en un mundo fantástico sin asidero alguno en la realidad. Las personas afectadas por este desequilibrio tienen grandes ideas y proyectos que desearían realizar, pero en realidad no hacen nada. Puede que se vuelvan paranoicas y se crean amenazadas por todo tipo de conspiraciones.

La clarividencia es una función de la mente receptiva femenina y consiste en la capacidad de ver y leer la energía psíquica de las personas.

Si hay una falta de equilibrio en el sexto chakra la persona tenderá a ser incapaz de discriminar. Si hay problemas emocionales sin resolver en los chakras inferiores, por ejemplo, el sujeto puede tener una impresión de valoración si puede leer psíquicamente. ¿Qué pasaría si a su mente no acuden imágenes claras? ¿Podría sacar algo de su fantasía creativa para sentirse válida? Es esta una forma de autoengaño, resultado de vivir en un mundo ilusorio.

Cierta vez fui invitado a comer en casa de una cristiana *born-again*. Momentos antes de que empezara la comida ella dijo: «¿Has oído? Alguien ha llamado a la puerta». Yo, por mi parte, no había escuchado nada. Mi anfitriona fue hasta la puerta y cuando volvió exclamó presa de un delirio: «¡Es Jesús, que ha venido a almorzar!».

Cuando decimos que el corazón gobierna la mente nos estamos refiriendo a una respuesta emotiva en el proceso de tomar decisiones y no a una respuesta racional. Esto nos muestra cómo hemos malinterpretado la naturaleza del corazón y la de la mente. Nuestro centro emocional no es el corazón, atribución que corresponde al segundo chakra. La racionalidad constituye tan solo una mitad de la función de la mente. Si fuera verdad que el corazón de una persona gobierna su mente –siempre y cuando el corazón esté entero–, la claridad, el amor y la verdad serían sus cualidades mentales.

Si solo el ego estuviese sentado al volante, entonces cualquier observación personal provendría de un perspectiva racional. Para que haya una percepción verdadera es preciso un equilibrio entre la mente racional y la intuitiva.

AUTOEVALUACIÓN

Autoevaluación física. Si sufre usted frecuentes dolores de cabeza, especialmente migrañas, existe la posibilidad de que haya una saturación de energía psíquica en el sexto chakra, que necesita ser devuelta a la tierra a través de los chakras. Si en los chakras inferiores existen problemas sin resolver, es muy posible que el sujeto haya podido producir un corte, un ruptura, en él volviéndose más pesado en la parte superior, viviendo a través de la mente y negándose a sí mismo su existencia física.

La incapacidad para conciliar el sueño y el tener pesadillas están relacionados con un sexto chakra hiperactivo. Como la visión está gobernada por este chakra, cualquier problemas de la visión está relacionado con la función de este centro energético.

Autoevaluación psicológica y emocional. Las personas con problemas psicológicos y emocionales relacionados con el sexto chakra generalmente se crean conflictos mentalmente que en realidad no existen. Si no hay equilibrio, una sensación de ilusión circula alrededor de este chakra y se es propenso a percibir amenazas y a elucubrar increíbles historias para conferir credibilidad a tales amenazas.

El sujeto puede atrincherarse en patrones mentales de desesperación que le provocan depresión y enfermedades psicológicas. Cuando nos concentramos en algo, la mente confiere un enorme poder al objeto de nuestra atención. Si utilizamos el sexto chakra para centrarnos en todo lo que sentimos que va mal en nuestra vida, le estamos otorgando mayor poder a estos problemas para que continúen manifestándose. A través de la mente también nos desligamos de los traumas emocionales o los reprimimos, permitiendo que de manera inconsciente nos afecten.

EJERCICIOS

Sanación a distancia El arte de sanar a distancia por medio del Reiki requiere profunda concentración en un acontecimiento o en una persona. El tercer ojo es el instrumento por medio del que centramos nuestra atención. Practicar regularmente esta técnica de sanación es excelente para el desarrollo del sexto chakra.

Contemplación etérica. Siéntese frente a la persona y relájese. Concéntrese en observar el tercer ojo, dejando que aparezca y luego se marche cualquier movimiento, imagen, visión o penetración psicológica y dejar. Después comparta con la otra persona lo que ha visto.

Séptimo chakra: Sahasrara

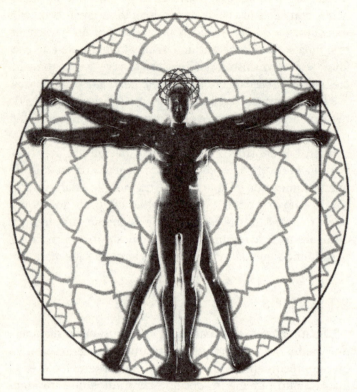

CHAKRA DE LA CABEZA (O DE LA FONTANELA)

Puedes llegar a estar completamente despierto y sin embargo no estarlo todavía. Todo buscador quiere despertar, pero si no hay pureza de corazón es peor ser despertado, ya que entonces se piensa que se tiene algo cuando no se lo tiene. No importa cuánto puedas ver de lo real si tu no lo eres.

JOHN DE RUITER

Si observamos una planta con flores, podemos ver que está compuesta por un sistema de raíces que se conectan profundamente con la tierra permitiéndole obtener los nutrientes necesarios para su supervivencia. Posee, además, un tallo que se retuerce intentando buscar la luz, y, por encima, la flor resultado de sus esfuerzos, una expresión de su propia naturaleza que irradia su belleza hacia el exterior. Indiferente a que se la mire o se la aprecie, la flor es completa en sí misma.

La última etapa de nuestro recorrido, que comenzó en el chakra Muladhara, llevándonos a través de giros y vueltas en busca de nuestra propia luz en el sexto chakra, ha de producir nuestra flor en el séptimo chakra. Esta expresión del florecimiento adquiere la forma de una conciencia totalmente integrada con la totalidad del Cosmos. El florecimiento se produce en el interior de alguien que se mantiene profundamente arraigado a la tierra.

Muchos suponen que para llegar a la unión plena con el Cosmos es preciso superar el mundo físico. Incontables prácticas espirituales nos enseñan a renunciar a las cosas mundanas para superar el cuerpo, y a abandonar nuestras posesiones materiales para obtener la iluminación. Esta creencia puede originar malos entendidos porque sugiere que el cuerpo y este mundo no sirven para nada. Creo que esta noción crea tal desconexión de nuestro cuerpo físico y de la tierra que nos separa aún más de nosotros mismos. Imaginemos por un momento que fuera verdad lo contrario. ¿Qué pasaría si el universo hubiera sido creado para que la conciencia se conozca a sí misma, darse una forma, estar en un cuerpo, oler, gustar, sentir, tocar, amar y llorar? ¿Qué pasaría si necesitáramos responder a todos los estímulos y atracciones de este mundo para poder llegar a ser conscientes?

Si los individuos realmente supiéramos que somos expresión de Dios, pondríamos más cuidado en observar de qué manera nuestras acciones influyen en el mundo?

¿Si reconociéramos esa misma expresión de Dios en los otros, podríamos matar en nombre de Dios? No lo creo.

Las guerras y conflictos de esta tierra en nombre del Todopoderoso son resultado de nosotros mismos cuando exteriorizamos nuestro lado «Dios», viendo lo divino como algo externo, un poder más alto del que somos deudores. Y ello porque continuamos teniendo puntos de vista opuestos y los llevamos al séptimo chakra donde no existe la expresión de dualidad. Como consecuencia de una percepción contrapuesta de la Creación, los dogmas religiosos reflejan generalmente esa oposición. La más evidente es la concepción de Dios como un anciano de blanca barba que sentado en su trono en el Paraíso nos juzga, y que si no nos aprueba nos condena al fuego ardiente de la eterna maldición. Si esto resultara ser verdad, puede que yo sufra un gran *shock*, pero no me parece que sea una imagen muy holística de Dios. Lo que esto representa es la siempre presente dualidad del bien opuesto al mal sobre la que está constituida la mayor parte del mundo occidental.

Mi experiencia de Dios es resultado directo del trabajo con Reiki. Lo que sé de ella es que Dios es Amor y no Justicia. Cualquiera sea el estado en que me encuentre, cuando me abro al Reiki estoy envuelto en absoluto amor, compasión y perdón. No hay condiciones, sino un cálido abrazo y una bienvenida.

La falta de integración en la humanidad es una señal de que no nos sentimos todavía en casa, que no estamos expresando nuestra naturaleza real y que aún no hemos florecido. Como conciencia, estamos actuando aún mediante creencias y conceptos que no reflejan la realidad, y nuestra percepción de la integración es de fuera hacia dentro, es algo así como intentar conocer el mar sentándonos en la playa para contemplarlo. Desde fuera solo nos podemos imaginar cómo es entregarnos a su poder, mientras que es mucho mejor saltar dentro y ser parte de él, lo cual requiere «un salto de fe». Para ser completos debemos entregarnos a la integración, lo que implica disolver los límites que nos mantienen separados, límites que están en el ego. Es el aferrarse del ego a lo que hemos llegado a ser lo que no nos permite entregarnos. Hemos hecho una inversión personal en nosotros mismos: nos ha llevado toda una vida llegar a ser lo que somos y nuestra mente lo ha desarrollado y perfeccionado y está ahora aferrado a ello.

La idea de entregarnos a un poder infinito y no definible, sin garantías, nos espanta, porque concebimos al poder como algo fuera de nosotros.

Cuando entendemos que nos estamos entregando dulcemente a nuestro propio Ser permitiendo que florezca y ocupe el espacio que somos, es entonces cuando el salto al océano es simplemente nuestro retorno a casa, a lo que conocemos. Quizá perdamos todo aquello que habíamos construido en nuestra mente, todo lo que usamos para definirnos, pero, de todos modos, se trataba de algo que no valía la pena. Lo que perdemos son todos los apegos que nos han mantenido separados de lo que realmente somos; un aspecto de la conciencia universal es conocerse a sí mismo.

La función del chakra Sahasrara es liberar a la conciencia –al entregarnos a nuestra identidad universal– de su encierro en una identidad autocreada. Para ello es preciso que soltemos nuestros apegos. ¿Qué significa esto?

El riesgo que corremos al soltar nuestros apegos es que inmediatamente los reemplacemos por otros. Podemos estar apegados a ser alguien y pasar muchos años intentando conseguirlo. De repente decidimos dejar todas nuestras posesiones materiales porque hemos tenido una revelación y marcharnos a la India para meditar todo el tiempo sobre el volvernos «nadie». Hemos reemplazado nuestra atadura de «ser alguien» por la de «ser nadie». Ambas cosas exigen esfuerzo y reflejan ideas antagónicas de la realidad.

Soltar nuestros apegos no exige ningún esfuerzo, sino tan solo que nos relajemos en nuestra existencia actual y abandonemos nuestro control y deseo de un resultado determinado. Al sentirnos contentos con «lo que es» nos entregamos a la sabiduría del universo permitiendo que este sea nuestro maestro. La flor comienza su vida como semilla, en la que está contenido todo su potencial y se convierte en flor porque eso es lo que debe ser.

Nuestra humana capacidad para ser lo que no somos es lo que nos separa del resto de la Creación. Tenemos el poder de creer en lo que queremos. Podemos crear una existencia que cabe en la multitud de creencias que utilizamos para definirnos. Estas convicciones generalmente nos vienen de fuera y cada una de ellas requiere esfuerzo y atención para poder mantenerlas; necesitan ser defendidas y justificadas. Sin embargo, dentro de cada uno de nosotros existe la semilla de un potencial no realizado. Se trata de nuestra chispa divina, nuestra identidad universal, que florece a través del entendimiento que se obtiene en el séptimo chakra. Nuestro potencial realizado es vivir en el mundo conociendo esa chispa divina y permitiendo que esa semilla florezca aquí en la Tierra. Entonces existirá dentro de nosotros y estará presente en nuestro cuerpo, nuestros pensamientos y sentimientos.

DESEQUILIBRIOS

El séptimo chakra es la puerta final por la que surgimos como la flor de la conciencia que ha integrado las lecciones contenidas en los chakras anteriores.

Tenemos así ahora la posibilidad de conocernos a nosotros mismos como una expresión del universo, liberados de la autoidentidad.

Los desequilibrios en el chakra de la cabeza (o de la fontanela) se producen cuando los patrones de comportamiento inconsciente de los chakras inferiores no están integrados antes de producirse el florecimiento.

Si pasamos por esta puerta como un ser inconsciente, desquilibrado y desintegrado, lo que florecerá ha de ser un reflejo de ello. Cualquiera sean los patrones de comportamiento que existan en nuestra vida han de continuar existiendo y se repetirán hasta que podamos ser conscientes de ellos.

Podríamos despertar a la idea de que tenemos el potencial de ser expresión viviente y vibrante del universo. Si permanecemos aferrados al comportamiento que nos impide realmente ser, tal expresión seguirá siendo solo una idea. Para poder llegar a ser esa expresión tenemos que dejar que nuestra conciencia se libere de esos patrones de comportamiento.

Sin una puerta abierta al espíritu, habrá un rechazo de las energías sutiles que conforman este universo. La mente se atrinchera dentro de los límites de su existencia material negándose a aceptar la idea de una extensión ilimitada de la conciencia.

Si la mente considera estas ideas pero queda aferrada a su autoidentidad, podrá llegar a estar increíblemente despierta a la naturaleza de la humanidad, pero rehusará entregarse a ella. Como conciencia no estará integrando lo que ha percibido.

Cuando nos estancamos en nuestras convicciones, invariablemente sentimos la necesidad de justificarlas. Es increíble ver cuán a menudo solemos defender vehementemente una creencia que solo sirve para limitarnos.

Si nos acercamos a alguien para hablarle de un problema que nos limita y nos sugiere algo que puede ayudarnos a salir de la situación, generalmente tendemos a justificar la existencia de ese problema en nuestra vida. Así, solemos decir: «Ya lo he intentado», o «No puedo hacerlo», o «No funcionará», o, simplemente, «No puedo cambiar», y al hacerlo nos estancamos en el ciclo de una limitación autoimpuesta. Este ciclo nos devuelve siempre al sitio donde comenzamos, que es la queja acerca de «lo que es en el presente».

El ciclo se establece de la siguiente manera: sentimos insatisfacción con «lo que es»; nos quejamos y pedimos ayuda; se nos ofrece una solución; defendemos y justificamos la existencia de la limitación, afirmamos que no vamos a cambiar, seguimos siendo como somos, nos quejamos sobre «lo que es» en el presente y así nos movemos de círculo en círculo.

El apego a un punto de vista particular es solo ver desde una única perspectiva, no querer aceptar la posibilidad de otras alternativas. Estos apegos invaden nuestra vida cotidiana al mismo tiempo que nos aferramos a nuestras convicciones y métodos como si fueran la única forma de «ser» en detrimento de una visión integral.

Para poder abandonar los apegos es de gran ayuda el no involucrarnos tanto personalmente en lo que creemos, sentimos, hacemos, tenemos o enseñamos para que –en caso de que no funcionen– podamos estar más abiertos a lo que habrá de reemplazarlos.

Si es cierto que necesitamos abandonar nuestros apegos para dejar que florezca en nosotros la conciencia universal, ello impone sugerentes interrogantes. Los mediadores que han practicado su disciplina durante muchos años tienen que abandonar su práctica de mediación para fundirse con el estado divino de felicidad.

Los budistas que han llegado a la puerta de la Iluminación a través de su práctica tienen que abandonarla para poder pasar a través de esa puerta. Si es este el caso, entonces cualquier cosa que estemos haciendo debemos hacerla como si se tratara de un juego, si no es muy difícil de abandonar.

AUTOEVALUACIÓN

Autoevaluación física. Si no está usted en contacto con su cuerpo y vive perpetuamente en su mente racional o intuitiva, el flujo liberador de la energía universal no puede asentarse a través del sistema de chakras. En cualquier lugar del canal energético central pueden aparecer problemas: las migrañas crónicas pueden ser consecuencia de la energía no asentada que intenta subir presionando fuertemente el chakra de la cabeza, lo que puede provocar confusión y desorientación. Las personas cuya energía está bloqueada en el Sahasrara generalmente sienten frío y se notan como separadas del mundo físico. Los bloqueos en el séptimo chakra también pueden manifestarse bajo formas de escapismo tales como el consumo de drogas, el fanatismo espiritual o un acendrado ascetismo que, en su búsqueda de purificación, niega al cuerpo sus necesidades básicas.

Autoevaluación psicológica y emocional. Los bloqueos en el chakra de la cabeza (o de la fontanela) pueden ocasionar un comportamiento neurótico y compulsivo, con tendencia a la preocupación y a la necesidad de controlar todos los aspectos del entorno. Por una parte, pueden manifestarse como escepticismo, convicciones rígidas o rechazo de las creencias espirituales, y por otra, como falta de discernimiento, ilusión y escapismo hacia el mundo espiritual en detrimento de lo físico y de lo emocional.

EJERCICIOS

Rendirse. Para conectar con su ser más profundo, dedique un día completo para rendirse a la intuición. Tanto si decide salir como quedarse en casa, ir a un bar, hablar con alguien o leer un libro, déjese guiar y permanezca atento a los signos y símbolos que le muestra el universo.

Meditación. Medite en la naturaleza de la no permanencia. Cierre los ojos y respire lentamente. Traiga a su mente todo lo que hay en su vida –posesiones, familia, amigos, emociones, creencias, ideales y el cuerpo físico–. ¿Si se llevaran todo esto, qué quedaría de usted?

Pararse sobre la cabeza. Constituye un buen ejercicio para este chakra. Si le resulta difícil, intente apoyarse en la pared o pida a alguna persona que le ayude sosteniendo sus piernas.

El sistema completo de los chakras

Hemos visto los chakras como centros energéticos individuales y espero que hayamos obtenido una comprensión de las diversas características emocionales, psicológicas y físicas que contienen.

Pese a estar constituido por centros energéticos individuales que giran, el sistema de los chakras opera como algo integral, y si un centro está desequilibrado, su desequilibrio habrá de afectar el equilibrio de los demás. Nos hemos centrado en los siete chakras principales que se alinean verticalmente a lo largo del cuerpo, porque los tratamientos de Reiki también se centran especialmente en ellos.

Se dice que existen veintidós chakras menores cuyas funciones son similares a las de los chakras principales. Ya hemos mencionado los chakras de las manos y de los pies, que se activan en las iniciaciones de Reiki. Otros chakras menores se encuentran situados a cada lado del plexo solar (Reiki, posición 9) en el *hara* o estómago (Reiki, posición 10) y en las rodillas (Reiki, posición 13).

La energía fluye constantemente hacia arriba y hacia abajo por el sistema de chakras. Cada chakra se alimenta del chakra inmediatamente inferior y del inmediatamente superior. El chakra de la base y el de la cabeza intercambian la energía con la tierra y con el universo, respectivamente, como así también con los chakras próximos. Cuando el flujo de energía no está bloqueado, nos sentimos en paz, relajados y con un sentimiento interior de bienestar.

Todas estas cualidades nos hacen sentir en armonía con nosotros mismos y con nuestro entorno y, por tanto, en armonía con la tierra y con el universo. Cuando se produce un cambio en el universo podremos experimentarlo como partes de él, y lo mismo ocurrirá al producirse un cambio en la tierra.

Cuando hay un desequilibrio en cualquiera de los chakras, lo sentimos en todos los demás chakras, ya que cualquier desequilibrio en uno solo de los chakras afecta al sano funcionamiento de todo el sistema.

Estamos hechos de tierra, agua, fuego, aire, espacio, luz y conciencia. Todos estos elementos están combinados en el misterio de todos los misterios –nuestra vida.

Al adoptar Reiki nos ponemos en consonancia con el Amor universal, retomando nuestro espacio en el Gran Juego de la Vida. Los chakras son nuestras propias galaxias de luz que giran para conectarnos con todo lo que es.

Debemos recordar que en cada momento en que busquemos a Dios tenemos que estar dispuestos a hundir profundamente nuestras manos en la tierra, ya que formamos parte tanto de ella como de la Luz.

Ejercicios para equilibrar nuestra energía

EJERCICIO DEL GIRO SUFÍ

Póngase recto, con el pie derecho adelantado y el izquierdo hacia la izquierda. Extienda horizontalmente las

Girando

manos hacia fuera y fije la vista en un punto. Comience a girar hacia la derecha, en el sentido de las agujas del reloj, lo más rápido posible y mantenga su atención centrada en el punto elegido hasta que ya no pueda más. Haga girar entonces rápidamente la cabeza con la mirada centrada en el mismo punto como hacen los patinadores sobre hielo. Al principio gire siete veces y luego flexione sus rodillas con la cabeza hacia abajo y respire lentamente. Una vez que se haya acostumbrado a este ejercicio, puede aumentar el número de giros hasta un máximo de veintiuna veces.

Este ejercicio ayuda a equilibrar los chakras. Con la práctica avanzada, hay personas que llegan a girar cientos de veces y se dice que produce un estado de trance. Es interesante observar cómo cuando juegan los niños giran sin que ello les produzca molestia alguna. Los adultos podemos sufrir náuseas, pero si perseveramos en él, este puede llegar a ser un ejercicio muy útil para equilibrar nuestros chakras.

EJERCICIO DE PURIFICACIÓN MEDIANTE LA RESPIRACIÓN

Siéntese en una posición cómoda manteniendo la espalda recta. Relájese y ponga sus manos sobre las piernas. Respire mientras visualice que los colores del arco iris fluyen desde el chakra de la cabeza (o de la fontanela) a través de su cuerpo. Comenzando por el chakra de la base inspire y luego suelte el aire a través de la boca abierta en cuatro espiraciones, en correspondencia con los cuatro pétalos del chakra. Inspire nuevamente, concentrándose ahora en el segundo chakra y suelte el aire en seis espiraciones. Inspire otra vez con la atención en el tercer chakra y suelte el aire en diez espiraciones. Inspire ahora centrándose en el cuarto chakra y suelte el aire en doce espiraciones. Vuelva a inspirar con la atención en el quinto chakra y suelte el aire en dieciséis espiraciones. Inspire ahora, concentrándose conjuntamente en el sexto y séptimo chakra y suelte el aire en dos espiraciones.

Repita este ejercicio tres veces. Es importante hacer una sola inspiración por cada chakra y medir la cantidad de aire que espira constantemente en cada espiración para no quedarse sin aire.

Este ejercicio equilibra la energía física y mental, fortalece el sistema nervioso, la memoria y la concentración y sirve para eliminar las toxinas e impurezas.

El único inconveniente que puede tener esta práctica es que puede provocar un exceso de oxigenación. En este caso hay que detenerse, acostarse y dejar el ejercicio para el día siguiente.

EJERCICIO KI

¿Cuánto Ki podemos generar? Póngase de pie con los pies separados a la misma altura de los hombros, con las rodillas flexionadas y las manos a los costados. Relaje el estómago y respire por la nariz. Suelte el aire por la boca. Con cada inspiración y espiración sienta cómo se acumula la energía en sus manos —normalmente en forma de calor u hormigueo—. Intente concentrarse y traer energía a su interior. Lentamente levante sus manos hacia delante. Siga respirando y relajándose. Visualícese suspendido y soportado por encima el agua. Si está generando suficiente Ki, la sensación de que flota será tan fuerte que podrá mantener sus manos levantadas todo el día. Si no, se cansará muy rápidamente.

¿CUÁNTO KI ESTAMOS PERDIENDO?

Intente visualizarse a sí mismo desde lejos, de pie, con los pies separados y viendo cómo el Ki, como una luz que proviene desde lo alto, va penetrando en su cuerpo energético. En esta visualización observe si en su sistema hay alguna pérdida de esa luz. ¿La hay? ¿Dónde y en qué cantidad? ¿Se derrama desde su cuerpo? ¿Fluye hacia un recuerdo, hacia otros tiempos, hacia un lugar o una persona? Hay miles de formas de perder energía. Cuando nos dispersamos tratando de concentrarnos en demasiadas cosas al mismo tiempo gastamos energía.

Perdiendo luz

Tratamiento completo de los siete chakras

POSICIÓN 1

Sobre la frente, ojos y mejillas

Para tratar problemas en los ojos, gripe, sinusitis, alergias, nervios cerebrales.

Equilibra la glándula pineal, que es el centro de la regulación hormonal.

Esta posición ayuda al paciente a relajarse, estimula y equilibra el sexto chakra.)

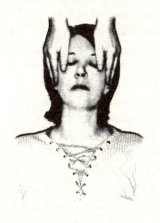

POSICIÓN 2

A los lados de las sienes

Trabaja en el nervio óptico y equilibra la parte derecha del cerebro (intuición, sabiduría) y la izquierda (razón y entendimiento). Esta posición es muy relajante en situaciones de estrés.

POSICIÓN 3

Sobre las orejas

Trata muchos órganos a través de los puntos de acupuntura en esta zona.

Estos puntos están relacionados con la vejiga, el corazón, intestinos, hígado, pulmones, estómago y riñones.

Esta posición ayuda a equilibrarse.

POSICIÓN 4

La parte trasera de la cabeza, la punta de los dedos sobre la médula oblonga

Para tratar los ojos, la visión, dolores de cabeza, hemorragias nasales, hemiplejia y la glándula pineal.

La médula oblonga es el banco de datos de los traumas emocionales padecidos en la niñez y en el pasado y está relacionada con el tercer ojo.

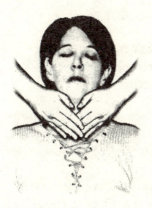

POSICIÓN 5

El cuello, quinto chakra

Para tratar problemas de garganta, gripe, hipertensión, ira, frustración, problemas para expresar la verdad y problemas de tiroides que afectan al metabolismo.

El chakra del cuello afecta a la creatividad y a la comunicación.

POSICIÓN 6

El timo/parte alta del pecho

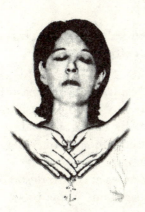

Es en esta parte del cuerpo —conocida como el foco de la supervivencia— donde sentimos miedo, pánico estrés y las emociones. Afecta los niveles energéticos.

A menudo la persona experimenta una sensación de ahogo en esta zona cuando el chakra del corazón se cierra. Revela problemas en las relaciones con los otros

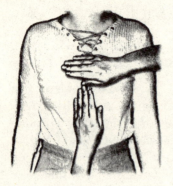

POSICIÓN 7

Corazón, cuarto chakra/ posición T

Para tratar bloqueos emocionales, circulatorios, el estrés y problemas cardiacos.

Este chakra está relacionado con nuestra capacidad de amarnos a nosotros mismos y de amar a los demás.

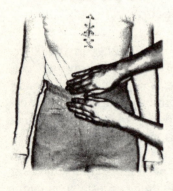

POSICIÓN 8

Plexo solar, tercer chakra/estómago

Para tratar problemas digestivos y problemas antiguos. Es el lugar desde el que recibimos lo que viene de fuera.

Este es el centro desde el cual sentimos y nos preocupamos.

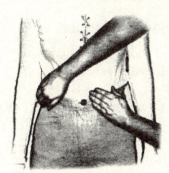

POSICIÓN 9

Hígado y bazo

Para tratar la ira, amargura, infelicidad, la depresión y la codificación en todos los aspectos.

Incluye la vejiga y el páncreas.

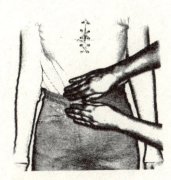

POSICIÓN 10

Hara/estómago

Para tratar todos los problemas relacionados con el poder, los intestinos y el duodeno.

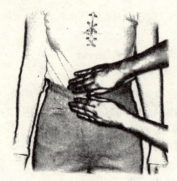

POSICIÓN 11

Segundo chakra

Para tratar problemas relacionados con la autovaloración, la creatividad, problemas físicos, mentales, emocionales y espirituales como consecuencia de estar desconectado de la Madre Tierra. Ayuda en los problemas de represión sexual, debidos, por ejemplo, a violación, abuso sexual e incesto. Para tratar los órganos genitales, próstata, vejiga, ovarios, útero y apéndice.

Equilibrando los chakras

Ponga las manos sobre el primer y sexto chakras, y a continuación muévalas al mismo tiempo hacia el segundo y quinto chakra, y finalmente sobre el tercer y cuarto chakra. Mantenga las manos aproximadamente uno o dos minutos en cada posición hasta que se sienta preparado para cambiar de posición.

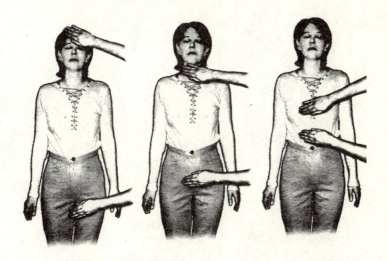

POSICIÓN 12

Brazos y hombros

Sirve para conectar el corazón con el colon, produce bienestar en el paciente.

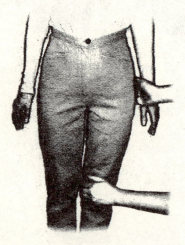

POSICIÓN 13

Caderas y rodillas

Para tratar la ciática, artritis y dolores articulares. Es esta otra zona de acumulación de emociones, la rigidez en ella puede indicar dificultad para cambiar las propias convicciones y para actuar.

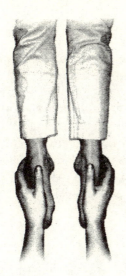

POSICIÓN 14

Pies

En los pies hay meridianos relacionados con todas las partes del cuerpo. Sujetar los pies del paciente le ayuda a fundamentarse.

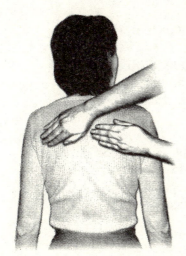

Espalda

POSICIÓN 1

Hombros

Ayuda a aliviar el estrés acumulado en esta zona.

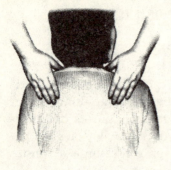

POSICIÓN 2

Parte superior de la espalda/pulmones

Esta zona está relacionada con el corazón. Se aplica en todas las afecciones correspondientes a la parte delantera del cuerpo. Alivia los problemas bronquiales.

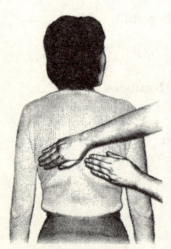

POSICIÓN 3

Parte media de la espalda/ pulmones

Está relacionada con el plexo solar. Se aplica en todas las enfermedades que afectan la parte delantera del cuerpo.

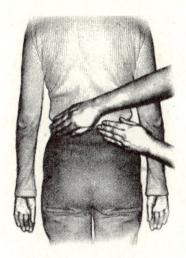

POSICIÓN 4

Zona lumbar

Esta zona está relacionada con el segundo chakra. Se aplica en todas las afecciones de la parte delantera del cuerpo. Alivia la ciática. Es la principal zona donde se acumula la tensión.

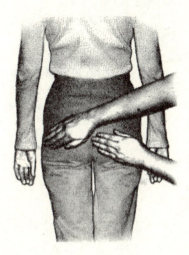

POSICIÓN 5

Nalgas

Como la anterior, esta zona está relacionada con el segundo chakra y en ella se acumula también la tensión. Se aplica en todas las enfermedades que afectan a la parte delantera del cuerpo. Alivia la ciática.

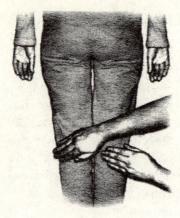

POSICIÓN 6

Parte trasera de las rodillas

(Chakras secundarios.)

POSICIÓN 7

Pies

Sirve como ayuda para fundamentar al paciente.

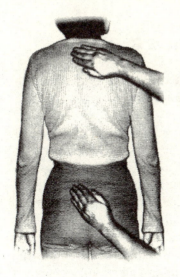

POSICIÓN 8

**Cóccix y
parte superior
de la columna vertebral/
séptima vértebra**

Ayuda a hacer que la energía fluya a lo largo de la columna vertebral para disolver los bloqueos.

Lo que se debe
y no se debe hacer en el Reiki

No existen contraindicaciones para la práctica del Reiki. Lo que sigue son simples precauciones aconsejadas por los maestros.

Cuando se trata una fractura de hueso hay que asegurarse ante todo de que el hueso esté enyesado. La eficacia del Reiki es muy notable desde el primer momento. Si el hueso no está enyesado adecuadamente, podría sanar de forma incorrecta y habría que romperlo nuevamente para colocarlo correctamente.

Hay que tener cuidado cuando se trata a personas que tienen aparatos especiales como, por ejemplo, un marcapasos, porque el Reiki podría afectarlo.

También hay que tener cuidado con el tratamiento a mujeres embarazadas. Casi todas las terapias alternativas consideran esta situación, especialmente en los primeros meses del embarazo, para evitar que se produzca una pérdida después del tratamiento. Aunque en mi experiencia no he tenido ningún caso de estos, recomiendo tomar precauciones al respecto.

Cuando se trata a pacientes diabéticos, se les debe informar que el tratamiento de Reiki afecta al nivel de insulina en el cuerpo.

- No se debe administrar Reiki después de haber bebido.
- Evite administrar Reiki a personas que estén bajo el efecto del alcohol o de las drogas.

Cuando proceda a dar un tratamiento de Reiki, libérese de cualquier sentimiento de responsabilidad sobre el resultado de la sanación. Como canales de Reiki, solo somos simples testigos de lo que pasa, por lo que debemos dejar que la energía nos guíe. Cuanto más vacíos estemos, dejando de lado nuestro deseo de que la sanación tenga resultado positivo, más efectivos seremos.

Es conveniente observarnos cuando estamos administrando Reiki para ver si estamos implicados personalmente en el resultado de la sanación. Si encontramos algún indicio de ello, no debemos ser duros con nosotros mismos, ya que es propio del ser humano el querer ayudar al prójimo, sino que debemos intentar dejar que la energía fluya y confiar simplemente en que si la situación es la adecuada el Reiki nos va a dar el estímulo para dar sanación.

El séptimo chakra y la iniciación

En Reiki el único momento en que se utiliza el chakra de la cabeza (o de la fontanela) es cuando se da la iniciación al Reiki en todos los niveles. Sé que algunas personas tratan este chakra en caso de migrañas crónicas, pero no hay posiciones establecidas para este chakra. La creencia común es que el centro del chakra de la cabeza (o de la fontanela) está conectado con el Espíritu Universal y no se debe obstaculizar.

Durante la iniciación, el alumno y el maestro se están realmente rindiendo al flujo de la energía proveniente del linaje del Reiki y de sus más altos guías. Siempre me sorprende el efecto de esta energía al penetrar por el chakra de la cabeza (o de la fontanela).

Ser involucrado como canal de esta energía es una sensación muy real de la presencia del linaje de los maestros. Es muy diferente a una sanación y, según mi experiencia, si en el momento de la iniciación se tiene algún problema interno, este es rápidamente expuesto y liberado. Creo que uno de los más grandes regalos que he recibido en esta vida es la capacidad para dar la iniciación en el Reiki. Siempre que doy la iniciación, siento que me vuelvo a equilibrar y restablecer al mismo tiempo que el discípulo.

Respecto del tratamiento de la migraña a través del chakra de la cabeza (o de la fontanela), mi experiencia me ha demostrado que para lograr un real y duradero alivio es preciso tratar los chakras inferiores. Las migrañas parecen ser la consecuencia de demasiada actividad en el chakra de la cabeza (o de la fontanela), donde el exceso de energía no puede fluir porque los chakras inferiores están bloqueados. Una vez que los chakras inferiores están despejados, la energía puede volver a circular nuevamente, lo que hace disminuir la presión en la cabeza.

Segundo nivel de Reiki

En el segundo nivel de Reiki presentamos al discípulo los símbolos que el doctor Usui descubrió en su visión. Yo describo estos símbolos como las tres llaves de oro del Reiki. Cada una de estas llaves tiene un objetivo específico, y pese a que cada una tiene su vibración intrínseca es la iniciación que se da en el segundo nivel de Reiki lo que autoriza su uso.

Estos símbolos son los siguientes:

EL SÍMBOLOS DEL PODER

Es la llave que da poder a nuestra intención. A través de su forma y de su mantra correspondiente nos comunicamos con el molde universal de la Creación –la espiral–. Se lo utiliza para aumentar el flujo de energía y actúa como un precinto para los otros símbolos de segundo grado. También se utiliza para proteger y purificar lugares y objetos.

EL SÍMBOLO EMOCIONAL/MENTAL

Es la llave de nuestro inconsciente. Es un símbolo que nos recuerda cuáles son los patrones emocionales y mentales que nos mantienen separados de nuestra naturaleza real. La formación del cuerpo emocional está relacionada con los tres primeros chakras. La formación del cuerpo mental está relacionada con los tres chakras superiores. El corazón vincula el cuerpo emocional con el mental. Este símbolo nos ayuda a unificar los planos emocional y mental.

EL SÍMBOLO DE LA SANACIÓN A DISTANCIA

Este símbolo representa la llave del tiempo y el espacio y nos recuerda que ambos son ilusiones. A través de él podemos mandar sanación más allá del tiempo y del espacio a personas o acontecimientos.

Además de estos símbolos, en el segundo nivel se proporcionan también las técnicas para enviar sanación a una persona o hecho en cualquier tiempo y espacio.

También se enseña otro tratamiento de sanación para poder llegar a los patrones del cuerpo emocional y del cuerpo mental. Se enseña cómo usar el símbolo del poder para protegernos y para purificar y preparar lugares para la sanación.

Simbología

Los símbolos constituyen el lenguaje del alma y del espíritu. Hasta la tierra utiliza símbolos –por ejemplo, a través de los terremotos y erupciones– para comunicarse con nosotros, y cada vez presenta formas más sofisticadas de comunicación.

En los trigales del suroeste de Inglaterra cada año aparecen símbolos en forma de cortes circulares. Estos intrincados símbolos parecen dirigirse a nuestra alma y nos resultan familiares como si los hubiésemos visto antes. A pesar de que con nuestra mente racional no podamos entenderlos, nos conmueven, sin embargo, hablándonos de otras dimensiones de la realidad que olvidamos en la rutina diaria.

Marko Pokajnick afirma que esos cortes circulares son una forma de comunicación de la tierra con nuestra naturaleza vinculada a ella, con nuestro ser físico elemental. Estos cortes circulares operan despertando algo en nuestro interior al comunicarse con una parte muy profunda que hemos olvidado hace mucho tiempo. Nos recuerdan que la vida constituye un misterio por descubrir y no un negocio para administrar.

En la comunidad Reiki se proporcionan cuatro símbolos tres de los cuales se enseñan en el segundo nivel. El cuarto símbolo solo se enseña a los maestros. Todos los símbolos de Reiki son una forma de afirmar nuestra identidad universal.

He considerado si presentar o no aquí estos símbolos, pero he decidido no traicionar la confianza de mi maestro, ya que le prometí mantenerlos en secreto y así lo haré. En la actualidad no constituyen ningún secreto, y si usted no los conoce puede encontrarlos en las páginas de Internet o en otras publicaciones sobre Reiki.

Últimamente se ha descubierto que existen diferentes formas de trazar estos signos. Ciertos maestros afirman, produciendo una cierta confusión en la comunidad Reiki, que los suyos son más poderosos que otros. Personalmente creo que solo son meras palabras y que no debemos preocuparnos por ello. Estos símbolos han sido trazados para nosotros del mismo modo que fueron trazados para nuestros maestros.

Así como las personas no escriben de la misma forma, tampoco pueden trazar los símbolos de la misma forma. Así, los símbolos trazados por individuos occidentales han cambiado en el transcurso del tiempo, pero no su intención.

La inclusión de estos símbolos en el arte de la sanación es producto del resultado de la visión que tuvo el doctor Usui. Existen diversas versiones acerca de la forma en que le fueron revelados. Algunas afirman que se le aparecieron escritos en dorado sobre el cielo tras haber quedado inconsciente a causa de una luz enceguecedora. Otras versiones dicen que el doctor Usui tuvo esta visión estando postrado por la fiebre.

Cualquiera que sea la forma en que se le revelaron estos símbolos han llegado a ser una parte definitoria de la práctica del Reiki.

Tal como hemos dicho, los símbolos son el lenguaje de los tres chakras superiores, aunque adquieran la forma de sonidos, imágenes o relámpagos intuitivos de luz y color.

La claridad mental se expresa a través de la palabra hablada o escrita. Al conectar intencionalmente nuestra mente con una persona o un hecho nos podemos comunicar energéticamente transmitiendo nuestra intención a través de pensamientos y sentimientos. Los símbolos nos son dados para ayudar en este proceso.

Sanación a distancia

> *No hay pasado, presente ni futuro porque hasta el tiempo es ilusión y con un chasquido de dedos puede retornar al vacío, a la nada.*
>
> DOCTOR USUI

Cuando empezamos a entender la existencia como una forma manifiesta dentro de un campo vibratorio de conciencia, estamos solo a un paso de darnos cuenta de que nuestros sentimientos y pensamientos pueden influir en ese campo. Como hemos visto, nuestra intencionalidad lleva una carga que acompaña lo que hacemos en el presente. Esa carga puede afectar lo físico a través de nuestras acciones o más sutilmente la energía de nuestro entorno.

Cuando pensamos en otra persona, nos estamos comunicando con ella. Según la naturaleza de nuestros pensamientos y la carga emocional que ponemos, la persona objeto de nuestra atención recibirá vibraciones positivas o negativas. La cantidad de energía psíquica que ponemos al concentrarnos en esa persona determinará que ella se dé cuenta de ello. Lamentablemente, experimentamos esto cuando estamos en conflicto con alguien. Pensemos en la última vez que discutimos con alguien. ¿Cuánta energía hemos proyectado en esa persona? ¿De qué naturaleza eran los pensamientos y sentimientos que proyectamos? ¿Cómo nos sentimos? Si pretendemos practicar sanación a distancia, enviar amor y luz a alguien, primero tenemos que darnos cuenta de las proyecciones negativas que hemos tenido en otras ocasiones.

Cuando estamos bloqueados en un conflicto, generalmente queremos comunicar claramente nuestro dolor o frustración, hacernos oír y lograr una forma de entender la situación. Pero el orgullo y la terquedad del ego es lo que nos lo impide. En otros términos, regresamos a nuestras identidades autocreadas.

El ego y sus ideas antagónicas de la realidad encuentran difícil admitir que pueda existir otra perspectiva. Por esta razón, la sanación a distancia constituye una muy útil herramienta, especialmente en situaciones de desequilibrio.

Si surge un conflicto con alguien, uno se concentra en él enviándole luz y amor en vez de proyecciones negativas. La posibilidad de resolver el conflicto aumenta notablemente. Al estar conectado con el Reiki, estamos rodeados de una energía de perdón que hace imposible mantener pensamientos negativos sobre alguien.

Al finalizar cada sesión en los talleres de Reiki pido a los participantes que nombren a alguna persona a la que deseen enviar amor y luz. Cada participante da un nombre y entonces, para enviarles luz, todos soplamos sobre la vela que permanece encendida durante la sesión. Invariablemente la persona a quien se envía luz está en conflicto con la persona que le ha enviado la luz. Esto muestra que en el origen de cada conflicto hay un deseo de perdonar y establecer nuevos puentes de amor y de luz.

Cuando decidimos mandar sanación a una persona, el éxito de la empresa dependerá de la atención que hemos puesto en ello.

Los chakras involucrados directamente en este proceso de sanación son los correspondientes al tercer ojo, el corazón y el cuello. El tercer ojo se concentra en nuestra intención a través de la visualización de la persona o hecho al que queremos enviar sanación. Es conveniente recordar que el elemento que corresponde al tercer ojo es la luz.

Confucio escribió: «Es mejor encender una vela que maldecir la oscuridad».

Cuando encendemos una luz en la oscuridad, aportamos iluminación y podemos ver claramente lo que realmente está ahí. Al concentrar la luz de nuestro tercer ojo en una persona o en un hecho, podemos ayudar a proporcionar claridad y entendimiento a la situación.

El elemento que corresponde al cuello es el éter, a través del cual nos conectamos etéricamente a la persona o hecho. El chakra del cuello puede ser utilizado también para verbalizar nuestra intención nombrando a la persona con la queremos contactar. Una vez que hayamos establecido el contacto a través de los chakras del tercer ojo y del cuello y nos mantenemos concentrados podemos dejar que las emanaciones de amor de la Creación que fluyen a través de nuestro corazón confiera nueva vida a la situación.

Trazar el símbolo de la sanación a distancia es nuestra forma de crear una intención real, asegurando que el flujo de energía provenga de nuestro ser universal. El símbolo forma un puente entre nuestra identidad autocreada y nuestra identidad universal y nuestro ser superior. ¡El símbolo de la sanación a distancia nos recuerda que el único momento es el ahora! ¡Toda la creación es accesible a través del estar en el ahora! El tiempo y el espacio definen nuestros límites físicos y restringen nuestro cuerpo físico, pero nuestro espíritu solo está limitado por nuestras creencias.

Para practicar la técnica de la sanación a distancia trace tres veces cada símbolo en la siguiente secuencia:

- El nombre de la persona o hecho.
- El símbolo del poder.
- El símbolo emocional/mental.
- El símbolo del poder.
- El símbolo de distancia.
- El símbolo del poder.

Purificando el espacio con Reiki

Considero importante desarrollar la sensibilidad y la conciencia en entornos que no invadan o confundan nuestros campos energéticos, en entornos que ayuden a sentirnos seguros y suficientemente abiertos. ¡Si queremos oír el sonido que producen las alas de una mariposa, no nos situamos junto a alguien que esté haciendo sonar un tambor!

Una vez desarrollados y afirmados en nosotros mismos, podemos desarrollar aún más nuestra sensibilidad manteniendo ese nivel de apertura en entornos menos favorables.

Siempre resulta agradable retornar a un lugar seguro, ya sea una habitación donde practicamos sanación, la sala de estar o nuestra propia habitación. Podemos sentirnos seguros en estos espacios porque reflejan nuestra vibración personal, porque contienen un residuo de nuestra firma energética, y cuando volvemos a ellos sentimos nuestra propia energía, en lugar de todas las energías con las que hemos estado en contacto durante todo el día.

Podemos utilizar el símbolo del poder para ayudar a purificar espacios energéticamente desquilibrados. Puede tratarse de un lugar que pensamos utilizar para practicar la sanación o de nuestro lugar de trabajo.

De la misma forma que usamos los chakras del tercer ojo, del cuello y del corazón para la sanación a distancia, los aplicamos para purificar la energía de un ambiente.

Si nos ponemos o sentamos en el centro de una habitación y nos permitimos sintonizar con la energía que hay, podemos experimentar las energías desequilibradas dentro de nuestro campo energético. Una vez que somos conscientes de lo que hay, entonces podemos hacer algo para cambiarlo.

Hay que comenzar invocando a los guías espirituales, sus ayudantes y la energía del Reiki y concentrar la atención en la energía presente.

Visualice un flujo de luz con los colores del arco iris pasando a través de su sistema de chakras. Deje que su corazón se expanda con estas energías y hágalas fluir hacia la habitación. Trate de visualizar la habitación llenándose con todos los colores del arco iris. Una vez que sienta la habitación inundada por estas nuevas energías, visualice el símbolo del poder y proceda a trazarlo visualmente –también puede trazarlo físicamente– en los cuatro ángulos de la habitación para afirmar las nuevas energías.

Para afirmar un espacio de sanación o proteger un objeto:

- Afirme su intención trazando tres veces el símbolo del poder.

Sanación psicológica/emocional

> *De repente, para mi sorpresa, me di cuenta que no estaba pensando —me están enseñando.*
>
> Byron Katie

La técnica de sanación psicológica/emocional utiliza el símbolo mental/emocional trazándolo directamente en el tercer ojo.

Su intención es facilitar la liberación de la energía emocional reprimida por la mente. Esto se produce mediante el recuerdo de un hecho invocado por la mente inconsciente y provoca generalmente una liberación emocional.

Durante un taller de segundo nivel de Reiki presenté esta técnica de sanación pidiéndoles a mis discípulos que la practicaran. A los pocos minutos de empezar a hacerlo, una joven comenzó a llorar. Me acerqué entonces para ver si podía ayudarla de alguna manera e intuitivamente comencé a irradiar el Reiki en la zona del segundo chakra. La chica abrió los ojos gritando: «¡Vete, vete!». Ella no estaba viéndome a mí sino a otra persona. La tranquilicé diciéndole que era yo, Richard, el que estaba junto a ella y eso pareció traerla nuevamente a la realidad. La joven siguió liberando sus emociones profundas. Luego nos contó que siendo niña había sido víctima de abusos. Cuando había abierto sus ojos, yo había aparecido ante ella como el hombre que había abusado de ella cuando era niña.

Debo admitir que encontré profundamente inquietante este proceso. Quizá, de algún modo, yo había experimentado la tensión de la energía distorsionada que predomina en aquellos hombres que cometen abusos sexuales.

Esta técnica de sanación es muy poderosa, y pese a que los recuerdos enterrados muy profundamente no afloren, a menudo el sujeto es llevado en un viaje simbólico por la energía del Reiki, como un sueño de la mente.

Para practicar esta técnica de sanación emocional / mental, ponga las manos en la parte posterior de la cabeza y en la frente sobre el tercer ojo y trace tres veces cada símbolo en el orden siguiente:

- El nombre de la persona.
- El símbolo del poder.
- El símbolo mental/emocional.
- El símbolo del poder.

Diagnóstico por geomancia

La geomancia es un método tradicional de diagnóstico o adivinación tan antiguo como el tiempo. Es utilizado para buscar agua y las líneas de energía y puntos de poder en la tierra.

Para determinar el equilibrio de los chakras, puede usarse un instrumento de geomancia –generalmente un cristal pendiendo de un hilo– haciéndolo oscilar como un péndulo sobre cada uno de los chakras. Es importante determinar la respuesta positiva o negativa del cristal y luego mantenerlo suspendido encima del chakra preguntando simplemente si está equilibrado. Si el cristal nos responde negativamente, podemos preguntar si la energía del chakra es excesiva o insuficiente.

Después de trabajar durante un tiempo con el cristal geomántico, compruebe si la respuesta que le da el cristal es igual a su respuesta intuitiva. Al suspender el cristal sobre el chakra del paciente, concentre su atención en la misma zona de su propio cuerpo; si siente en su propio cuerpo que la energía se mueve, es un signo de que usted empatiza con el sujeto. Con el tiempo, podrá usted utilizar la geomancia sobre los chakras de un sujeto utilizando solo su propio cuerpo al sentir los efectos en sus propios chakras.

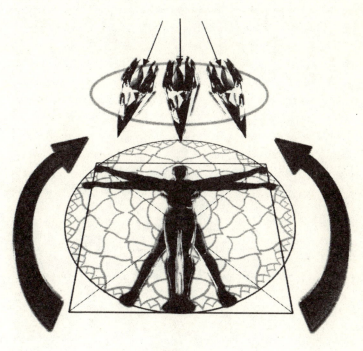

CRISTAL

El Reiki en la vida

Campo energético colectivo

> *Todos somos un río que fluye del pasado hacia el futuro. El agua que fluye en un río es la misma sustancia que fluye en todos los ríos.*
>
> DOCTOR USUI

Lo que sé del campo energético humano es que se trata de una extensión sutil de nuestro ser físico que se comunica en un nivel intuitivo con otros campos energéticos que lo rodean. Todo lo que está vivo, incluida la tierra, tiene a su alrededor esta energía sutil.

Estar en esta tierra es nadar en las corrientes del vasto océano de energía constituido por los pensamientos y emociones. Nuestra contribución individual a ese campo colectivo de energía es nuestra propia responsabilidad. Por ello es necesario tener una cierta comprensión de lo que está ocurriendo. La forma más fácil de observar la potencial influencia de un campo energético colectivo sobre un individuo es en una crisis mundial.

El 11 de septiembre de 2001 todos vimos horrorizados cómo el terror descendía desde el aire para atacar a las Torres Gemelas del World Trade Centre en Manhattan y al edificio del Pentágono en Washington. Cuando pudimos entender realmente lo que había ocurrido, la ola de estupor emocional que se sintió en el mundo entero fue enorme.

La imagen que acudió a mi mente fue la de un agujero negro chupando la fuerza de la vida, y pude ver cómo ese agujero negro creado por el terrorismo estaba ahora mantenido y alimentado por los sentimientos de los millones de personas que habíamos visto el ataque.

Era importante alimentar la situación con amor y luz en lugar de caer en el drama y la conmoción por lo ocurrido, para facilitar la sanación de la misma forma en que lo haríamos si alguien acudiese a nosotros para que le diéramos sanación después de haber sufrido un trauma.

Estoy seguro que esto ocurrió en muy pequeña escala. Sin embargo, todos aquellos que fueron atrapados e invadidos por el drama sufrieron como consecuencia un cansancio emocional al ser inundado su campo energético por el horror de lo acontecido.

Como la conciencia humana evoluciona hacia la paz, habrá muchas personas que se resistan a esta evolución, y la resistencia se manifestará en actos terroristas y acciones como aquellas de las que fuimos testigos en aquel septiembre. Resulta vital saber cómo debemos responder a dramas como estos que amenazan nuestra seguridad. Es fácil proporcionar sanación cuando estamos en un retiro muy bello y todo está bien en el mundo, pero cuando este está en crisis es aún más importante responder concentrando nuestra mente y nuestro corazón en la sanación y no en el pánico.

Protección

> *Supongamos que podemos encontrar una manera sencilla de afrontar la vida con felicidad, dejando de discutir con la realidad y conseguir serenidad en medio del caos. Esto es lo que nos ofrece Amar Lo que Es.*
>
> ERICA JONG

Quisiera hablar de protección como una forma de crear una resonancia armoniosa entre nosotros y cualquier conflicto que pueda surgir.

Generalmente, cuando hablamos de protección nos referimos a levantar imaginarias barreras entre nosotros y la causa de nuestra disconformidad. Esto sugiere que nuestro estado de apertura y unicidad depende de la situación en la que nos encontremos. Demostramos cuán condicionada es nuestra apertura a través de nuestras preferencias, y así estamos siempre afirmando nuestra separación.

Deseamos estar abiertos y en armonía, pero cuando conocemos a personas cerradas y sin armonía interior intentamos protegernos para conservar la nuestra. Nos convertimos en víctimas de las circunstancias y nos ponemos a la defensiva.

Cuando estamos en conflicto con alguien, normalmente lo sentimos en el plexo solar porque el tercer chakra responde contrayéndose. Si el conflicto dura mucho tiempo, esa contracción provocará síntomas físicos en cualquiera de los órganos regidos por este chakra. El flujo de energía hacia los otros chakras también se verá impedido, por lo que en situaciones que normalmente harían que nos cerráramos es importante encontrar la forma de mantenernos abiertos.

Algo muy útil que suelo hacer si observo esto en un sujeto es ver si también me sucede a mí. Si no puedo cambiar a esa persona, al menos puedo cambiarme a mí mismo.

El Reiki nos proporciona una herramienta para aplicar en situaciones conflictivas: el símbolo del poder. Al comienzo de este libro he mostrado la eficacia de este símbolo al relatar el episodio que viví en el avión en Hawai.

Hemos aprendido que este símbolo nos sirve para protegernos y para afirmarnos en nuestro espacio sagrado.

También puede ser usado para disolver conflictos no poniendo obstáculos, sino armonía en la situación. Cuando lo visualizamos y dirigimos hacia una persona, no crea separación sino que simplemente aporta control a la situación.

He comprobado que el dirigir este símbolo al plexo solar de una persona parece remover la carga emocional que produce contracción en mí, porque estoy enviándolo el símbolo de la armonía universal, no hay malicia en la intención sino el fin consciente de establecer un espacio para el entendimiento entre nosotros. La eficacia de esta técnica depende de nuestra capacidad para visualizar y proyectar claramente en un conflicto. Si no tenemos éxito, estaremos en la misma posición en que estábamos y podemos volver a intentarlo.

Reiki con la naturaleza

> *Tan pronto como no seamos uno con lo real no estaremos realmente bien.*
>
> JOHN DE RUITER

El Reiki nos enseña que todo dolor, sufrimiento o enfermedad tienen su causa en la separación. ¿Cómo podemos separarnos de la creación si vivimos en ella? Es difícil entender que viviendo en este planeta podamos separarnos de él. ¿Cuántas veces somos conscientes de los ciclos de la Luna? ¿Sentimos la tristeza de un bosque devastado o de un río contaminado? ¿Cuando estamos detenidos en un atasco de tráfico, nos preguntamos si la humanidad ha enloquecido? ¿Cuando contemplamos el cielo por la noche sin que podamos ver las estrellas a causa de las luces de la ciudad, qué sentimos? ¿Alguna vez nos hemos quedado anonadados ante la majestad de un roble, o al contemplar una puesta de sol sobre el mar, o al aspirar el olor de la lluvia? ¿Alguna vez nos hemos detenido a escuchar lo que nos dice el corazón?

La ilusión de la realidad que creamos para nosotros es la causa mayor de nuestra separación y contribuye a nuestro sufrimiento, y aun así continuamos con ella sabiendo en nuestro corazón que no es real.

Al restablecer nuestra conexión con la tierra nos volvemos a conectar con nuestra naturaleza terrestre. Nuestro sistema energético nos conecta con la Madre Tierra y es así como respondemos a la energía de la sanación de Reiki, y cuando respondemos a la energía de sanación del Reiki también lo hace la tierra.

Existen muchas formas en que puede usarse el Reiki para dar sanación a la naturaleza. Podemos, por ejemplo, comenzar dando energía a nuestras plantas cuando las regamos. O ser más conscientes de la naturaleza en nuestro entorno al pasear y enviarle simplemente amor. O visitar los puntos de poder en la tierra y, de la misma forma en que lo haríamos con los chakras de una persona, enviarle conscientemente Reiki porque son los canales por los que fluye la energía la tierra cuando ella lo necesita. Podemos aplicar técnicas de sanación a distancia a las crisis, como, por ejemplo, terremotos, guerras, hambrunas, inundaciones o injusticias que se producen en todo el mundo. Tenemos, entonces, la posibilidad de elegir entre formar parte del drama o ser, en cambio, un canal para enviar amor.

Honrar al Reiki

> *El genio de la conciencia tiene el poder de crear algo imaginario, de creérselo y vivirlo como si fuera una realidad. Lo notable es que nunca funciona.*
>
> JOHN DE RUITER

En cualquier disciplina o forma de sanación nunca estamos quietos, estamos siempre creciendo y evolucionando en nuestra comprensión de lo que implica la disciplina. A veces esto origina un conflicto entre los conocimientos originarios y la expansión de la comprensión que obtenemos mediante la aplicación de ellos.

En los siete años que llevo practicando Reiki, la diversidad de formas en las que se ha enseñado y aplicado este método ha sido un tema recurrente. Los discípulos que he tenido en el segundo nivel y en el de maestro y que han formado en los anteriores niveles con otro maestro tienen diferentes formas de aproximarse al Reiki. Estos discípulos han recibido normas estrictas sobre lo que se debe y no se debe hacer en Reiki. Algunos han hecho el nivel uno y el dos en un fin de semana, otros en un solo día. Unos han recibido tan solo una iniciación y otros han tenido un cuidadoso entrenamiento.

La falta de normativas en la forma de enseñar Reiki ha sido fuente de muchas discusiones entre la comunidad Reiki. Phyllis Furumoto, renombrado maestro de la tradición occidental del Reiki, ha tratado recientemente de registrar el nombre Reiki en un intento de controlar este arte de la sanación, aunque afortunadamente su intento no ha tenido éxito.

Creo que el desorden que hoy existe en la enseñanza del Reiki se debe en parte a la disconformidad con la actual estructura, especialmente con las implicaciones monetarias que suele suponer el convertirse en maestro de Reiki.

La esencia de Reiki no tiene forma. Desde su descubrimiento por Occidente, el Reiki que se presenta al mundo ha sido formalizado para que pueda ser entendido por la mente occidental. Su esencia es frecuentemente olvidada en los debates sobre quién puede enseñar, cuál es la mejor técnica, a qué linaje pertenece, etcétera.

Es hora de que vivamos lo que enseñamos y de aplicar nuestra filosofía a los conflictos actuales de la comunidad del Reiki, liberándonos de problemas de poder, control y estructura y permitiendo que el Reiki se sane por sí mismo. Debemos intentar dejar de aferrarnos a un patrón que no le corresponde. La esencia del Reiki es la verdad. Bebámosla.

Esta lucha entre forma y libertad es fácil de ver cuando damos tratamiento. Nos podemos encontrar siguiendo determinadas instrucciones para imponer las manos mientras nuestra intuición nos está diciendo a gritos que vayamos al punto específico que necesita nuestra atención.

Personalmente he advertido que cuando me encuentro realmente vacío y me permito fluir con la energía, los límites rígidos de las instrucciones para colocar las manos me sirven de poco, porque eso me conduce a un estado mental que me dice: «Debo hacerlo de esta manera», en lugar de dar simplemente sanación.

Dar sanación es una experiencia momentánea que tenemos con la persona que estamos tratando. Una vez que esta situación termina, no seguimos siendo sanadores. Si, en cambio, creemos que lo somos, nos estamos aferrando a una idea.

Dar sanación es mantener un espacio intencional en el que esta puede darse. La persona que recibe sanación debe ser un sujeto dispuesto a recibirla. También es posible que el mismo sanador pueda necesitar sanación tanto como el que la recibe.

Cuando damos sanación es preciso que recordemos que no solo entre nosotros y el universo existe íntima unicidad, sino también entre nosotros y quien recibe la sanación. Invariablemente, quienes mantenemos un espacio de sanación tenemos tanto que aprender y recibir como aquellos que se tumban confiadamente en nuestras camillas.

Si consideramos nuestras sesiones de sanación con Reiki de esta forma, es posible que el nivel de energía y sanación que recibamos podrá reemplazar la necesidad de una compensación económica para honrar nuestro trabajo.

Es importante honrar nuestro trabajo, nuestro espacio y nuestra enseñanza, y creo que la gente debe saber lo que está bien dentro de ellos sin necesidad de una doctrina que se lo diga. El Reiki no es un negocio, sino un arte de la sanación.

El cuarto principio del doctor Usui era: «Gánate honradamente la vida». La gente respetará el Reiki no porque le pongamos un valor económico sino porque se lo enseñamos con amor y honestidad.

Una oración

El doctor Mikao Usui nos ha dejado una oración extraída de los textos sagrados del budismo:

> *Nos inclinamos, ofrecemos incienso y oramos al rey de la medicina, el Buda, Señor de la Sanación, Señor de la Luz de Lapislázuli.*
>
> *A través de las Diez Direcciones y los Tres Tiempos permite que la enfermedad sea un nombre, una palabra ya no escuchada. Permite que el sufrimiento sea tan solo un oscuro recuerdo; permite que las enfermedades desparezcan de la mente y del corazón de todos los seres sensibles.*
>
> *Permite que todas las personas obtengan salud, bienestar, paz y prosperidad.*
>
> *Así, permite que este gran almacén de bendiciones de los Budas derrame una lluvia de auspiciosidad sobre quienes escuchen y lean estas palabras.*

Del libro del lama Yeshe *Medicine Dharma Reiki*

Una historia moderna

Lo que sigue ha sido recopilado por Lawrence Ellyard, autor de The Tao of Reiki. *La información procede de una variedad de fuentes, incluso algunos hechos han sido extraídos de los manuscritos originales del doctor Usui. Para mayor información, ponerse en contacto con* www. taoofreiki.com

Mikao Usui nació el 15 de agosto de 1865 en Yago, en el departamento de Gifu, donde sus antepasados habían vivido durante once generaciones.

Su familia pertenecía a la secta budista Tendai. A los cuatro años fue enviado a un monasterio perteneciente a esta secta, donde recibió su educación primaria.

Usui, muchacho inteligente y muy buen estudiante, obtuvo el doctorado en literatura. Hablaba varias lenguas y tenía grandes conocimientos de medicina, teología y filosofía. Como muchos intelectuales de su época, Usui estaba fascinado por la «nueva ciencia» que provenía de Occidente.

Durante el periodo comprendido entre 1880 y 1900, el emperador Meiji había dado comienzo a un nuevo régimen tras derrocar a los Shoguns y el sistema feudal del

Japón, trasladados ahora a Tokio, donde habían sido puestos bajo el control directo de un gobierno central.

Bajo este nuevo régimen se cambiaron las «antiguas ideas» en pro de la modernización y por vez primera el país se abrió a Occidente, alimentando un fervor por cambiar los modos tradicionales por los occidentales, que se identificaban con la «modernidad».

Los hombres que tenían algún conocimiento de la ciencia moderna fueron promovidos en todos los aspectos de la vida política y social. Los dueños de la «nueva sabiduría» eran casi idolatrados, y poder leer la escritura horizontal de los libros occidentales era la ambición de cualquier joven.

La nación entera reclamaba ansiosamente los beneficios de la nueva civilización. El lema de la época era «Iluminación y Civilización».

El padre de Usui era un ávido seguidor del nuevo régimen y adoptó ideas políticas progresistas. Usui, que sentía por él un gran respeto, estuvo muy influido por esa obsesión nacional de «occidentalizarse».

Mientras continuaba estudiando ciencia y medicina, Usui trabó amistad con varios misioneros cristianos que habían estudiado medicina en las universidades de Harvard y Yale.

Durante esta época en que el Japón abrió sus puertas a Occidente, los primeros en llegar fueron los misioneros católicos y protestantes, que establecieron sus operaciones en tres zonas principales. En una de ellas, Yokohama, bajo la influencia del reverendo John Ballagh, los misioneros comenzaron su labor médica aportando los conocimientos de la ciencia médica occidental. Estos misioneros, que se convirtieron en líderes de gran influencia, instauraron en 1872 la primera iglesia cristiana en Japón.

Durante su primera juventud, Mikao Usui vivió en Kioto con su esposa Sadako Sizuki y sus dos hijos. Como hombre de negocios tuvo algunas dificultades, pero su firme determinación y su perspectiva positiva le ayudaron a superar todos los obstáculos y obtener un cierto éxito.

Usui continuó sus estudios religiosos comprometiéndose con un grupo llamado *Rei Jyutsu Ka*, cuyo centro estaba al pie del monte sagrado Kurama Yama, al norte de Kioto. En este monte, a unos 520 metros, se yergue el antiguo templo budista Kurama-dera, en el que hay una enorme estatua del Buda Amida e innumerables objetos que forman parte del patrimonio nacional. Este templo, erigido en 770 d. de C., que pertenecía a la secta budista esotérica Tendai, en 1945 se convirtió en centro de una secta budista independiente. A Kurama Yama, considerado durante siglos como un lugar con poder, acudían a orar muchos famosos sabios y emperadores.

El templo, rodeado de escaleras donde uno puede sentarse a meditar, y las zonas que lo rodean, se conservan en estado natural. El monte mismo es el símbolo espiritual del templo. Muy cercana a este hay una cascada de agua, zona a la que solía acudir Mikao Usui para meditar

Durante la epidemia que asoló Kioto en 1888, Usui contrajo el cólera y tuvo una profunda experiencia cercana a la muerte en la que tuvo la visión del Buda Mahavairochana, recibiendo de él directas instrucciones. Esta fue para él una experiencia que le hizo reconsiderar toda su vida. A partir de entonces, Usui desarrolló un profundo interés por la ciencia esotérica de la sanación tal como la había enseñado el Buda, sintiendo el compasivo deseo de aprender estos métodos para beneficiar a la humanidad.

Una vez recuperado de aquella casi fatal enfermedad, quiso compartir dicha experiencia con los miembros de su familia y con el sacerdote de la familia, quienes se indignaron ante su afirmación de que había visto deidades iluminadas. El sacerdote tendai llegó hasta pegarle en la cabeza y echarlo del templo.

Determinado a encontrar respuesta a sus interrogantes acerca de la visión que había tenido, Mikao Usui conoció casualmente a un bonzo shingon, Watanabe padre. Este, que había reconocido el tremendo potencial espiritual de Usui, lo tomó como discípulo.

Mikao Usui se convirtió así en un devoto budista shingon, lo que indignó aún más a su familia, que lo desheredó considerándolo un traidor. Hasta hoy mismo sus familiares rehúsan hablar de él, alegando que va contra de la voluntad de sus antepasados el pronunciar su nombre. Su propia hija redactó en su testamento una cláusula que prohibía que el nombre de su padre fuera pronunciado en su casa.

Para seguir su camino espiritual, Mikao Usui pasó gran parte de su vida y gastó gran parte de su fortuna estudiando y coleccionando textos budistas. Estudió especialmente las técnicas de sanación budista, invirtiendo mucho dinero en coleccionar textos antiguos.

El doctor Usui cultivó muy buenas relaciones con académicos y políticos, no solo en su tierra, sino también en otros países en su búsqueda de textos antiguos. Por ejemplo, en la India, en Bombay, con comerciantes que hacían la ruta de la seda atravesando el Tíbet. Particularmente interesado en conseguir escrituras del Tíbet, Usui, entregó oro a estos comerciantes para que le consiguieran textos secretos de sanación budista.

El doctor Usui realizó gran parte de su investigación en Kioto, ciudad que albergaba enormes bibliotecas budistas y monasterios que disponían de numerosos textos antiguos. Durante muchos años prosiguió investigando, coleccionando manuscritos y poniendo en práctica sus conocimientos médicos, convirtiéndose en un aventajado practicante y en maestro en meditación.

Su mejor amigo, Watanabe Kioshi Itami, hijo de su maestro budista, fue su más devoto discípulo. Con el tiempo, el doctor Usui se convertiría en un maestro budista muy sabio y respetado por muchos seguidores.

Mikao Usui, que centró su enseñanza en la sanación y beneficio del ser humano a través de ella, se reunía regularmente con sus discípulos enseñando directamente a partir de los textos que coleccionaba. Practicaba con ellos elaborados rituales para prevenir enfermedades que causaban estragos en Japón, como así también prácticas esotéricas para curar todo tipo de enfermedades.

Mikao Usui fue realmente un hombre adelantado a su tiempo, que fue siempre contra las normas, muy sectarias y clasistas, de la época. Creía que todo el mundo tenía derecho a acceder a los textos de sanación budistas sin que importara cuáles eran su creencias religiosas. Pretendía encontrar la forma de ofrecer estos poderosos métodos al hombre común sin que hubiese que seguir una larga y dificultosa práctica.

Por su gran compasión y determinación, se prometió que encontraría una forma de desarrollar una forma de sanación para curar todo tipo de enfermedades y que pudiera enseñarse a cualquier persona sin tener en cuenta sus antecedentes, educación o religión.

A fines de 1890, Mikao Usui encontró un caja con manuscritos que contenían los métodos que había buscado afanosamente durante tantos años. Entre estos manuscritos halló el tantra del Rayo Iluminador, la transmisión secreta para sanar cualquier enfermedad del cuerpo, del habla y de la mente. Este tantra le proporcionó la información que buscaba, presentándole un método comprensible de sanación derivado del budismo esotérico tal como se lo practicaba en el Tíbet.

El texto, que databa del siglo VII, había sido llevado al Japón por Kobo Daishi, fundador del budismo shingon. Recientes investigaciones han establecido que este tantra pertenece al linaje directo del Buda histórico (563/480 a. de C.)

El doctor Usui se recluyó en un corto retiro en el monte Kurama Yama (monte sagrado del Japón) para examinar ese material, reconsiderar la cura milagrosa de su enfermedad y descubrir por qué había sido él quien recibiera el tantra de la medicina.

Al cabo de su retiro consiguió conocer estos métodos, adquiriendo penetración sobre estas prácticas budistas. Tras muchas consideraciones decidió compartir con otros estos conocimientos.

A través de muchos años de estudio y de práctica Mikao Usui pudo vislumbrar el método que aportaría a las masas la esencia de esas prácticas budistas y le dio el nombre de «Rei Ki».

Al principio practicó el nuevo método con su amigos y miembros de su familia. Luego empezó a ofrecer esta sanación en los barrios de clase baja de Kioto. Esta ciudad es un centro religioso y las personas sin techo que viven en la calle son recogidas y atendidas por una familia.

Mikao Usui abrió las puertas de su casa a muchas de estas personas a las que administró Reiki durante siete años, lo cual le dio la oportunidad de perfeccionar su nuevo método de sanación. Entre tanto continuó dando clases regularmente al creciente círculo de seguidores del budismo, desarrollando y refinando su sistema.

En 1921, el doctor Usui se trasladó a Tokio para trabajar como secretario del primer ministro Pei Gotoushin. En las afueras de esta ciudad, en Harajuku, Usui instaló una clínica donde comenzó a dar clases para enseñar su sistema de Reiki. Algunos de sus más destacados alumnos fueron:

- Watanabe Kioshi Itami, su amigo y discípulo por muchos años en Kioto. Watanabe heredó al morir Usui todas las anotaciones de su maestro y su colección de tantras budistas.
- Taketomi, oficial naval.

- Wanami.
- Cinco monjas budistas.
- Kozo Ogawa, que estableció una clínica de Reiki en la ciudad de Shizuoka y fue un muy activo administrador de la Sociedad de Reiki, trabajo que heredó un familiar suyo, Fumio Ogawa, quien todavía vive.

En 1922, el doctor Usui fundó la Sociedad de Reiki, Usui Reiki Ryoho Gakkai, de la que fue presidente. La sociedad sigue todavía en activo y ha tenido seis presidentes después de Usui:

Jusaburo Ushida (1865-1935).
Kanichi Taketomi (1878-1960).
Yoshiharu Watanabe (?-1960).
Hoichi Wanami (1883-1975).
Kimiko Koyama (1906-1999).
Su actual presidente es Masayoshi Kondo.

La Sociedad dio inicio a una nueva «religión», una organización espiritual, muy común por esa época en el Japón.

El 1 de septiembre de 1923 el terremoto Kanto devastó Tokio y sus alrededores. Casi todo el centro de la ciudad fue arrasado y destrozado por el fuego y hubo más de 140.000 muertos. Cerca de 40.000 personas murieron incineradas al ser arrasada por una lengua de fuego la zona abierta donde se habían refugiado. El incendio se produjo como consecuencia de que el terremoto tuviera lugar justo a mediodía, hora en que todas las parrillas Hibachi estaban encendidas para el almuerzo. Al derrumbarse las casas de madera a causa de los temblores, se incendiaron rápidamente. Tres millones de hogares quedaron destruidos, dejando desamparadas a muchas personas, y fueron más de 50.000 las víctimas que sufrieron graves lesiones. Los sistemas de agua potable y de aguas residuales fueron completamente destruidos y su reconstrucción necesitó largos años.

En esta catástrofe el doctor Usui y sus discípulos dieron Reiki a muchas víctimas. Inmediatamente su clínica resultó pequeña para atender a la enorme cantidad de pacientes.

En febrero de 1924, el doctor Usui estableció una nueva clínica en Nakano, en las afueras de Tokio. Su fama se extendió por todo el Japón, siendo requerido desde todas partes para que fuese a enseñar su método de sanación Usui fue galardonado con el Kun San To del emperador, premio especial (similar a un doctorado *ad honorem*) que se otorga a quienes han desempeñado una labor honorable.

Muchos eminentes sanadores y médicos de todo el país empezaron a solicitar la enseñanza del doctor Usui.

Justo antes de este devastador terremoto de 1923, el doctor Usui había empezado a enseñar al público una forma simplificada del Reiki para afrontar su creciente demanda. Usui había observado que este método de sanación tenía un tremendo potencial y, por compasión hacia todos los seres sensibles, creó una forma de Reiki desprovista de religiosidad que sirviese a todos y que es la base de lo que hoy se conoce como Reiki Occidental.

Dos de los más notables discípulos de Usui fueron:

- Toshihiro Eguchi, que estudió con Usui en 1923, siendo su más prominente discípulo antes de la guerra. El Reiki ha seguido floreciendo en el Japón gracias, en gran parte, a la labor de Toshihiro Eguchi.
- Chujiro Hayashi, que estudió con el maestro a partir de 1922, fue uno de los primeros estudiantes no budistas. Era un cristiano metodista de muy firmes creencias y no estaba abierto a la naturaleza esotérica de lo que el doctor Usui enseñaba. Hayashi utilizó los conocimientos que había obtenido del maes-

tro para establecer su clínica en Tokio e introdujo «niveles» en la forma de enseñanza del doctor Usui. También desarrolló una forma de imposición de manos más compleja, más adecuada para el uso clínico. Hayashi utilizaba un método de sanación que requería que varios practicantes trabajaran al mismo tiempo sobre un mismo paciente para optimizar el flujo de energía. Su clínica atrajo muchos practicantes a los que ofrecía la enseñanza del nivel 1 a cambio de trabajar sin sueldo como ayudantes suyos. Al final de este contrato ofrecía el segundo nivel de Reiki a los discípulos más aventajados a cambio de otros nueve meses de trabajo sin sueldo. Los que terminaban este nivel tenían la oportunidad de recibir el símbolo de maestro (o tercer nivel). Tras dos años de trabajo sin retribución, que consistía en asistirle en sus clases, los discípulos eran autorizados por Hayashi para enseñar. No había intercambio alguno de dinero, los practicantes debían cumplir un horario de ocho horas una vez por semana.

Hayashi traspasó sus conocimientos a su discípula Hawayo Takata, quien en los años setenta introdujo el Reiki en los Estados Unidos. Hay que señalar que el actual contenido del sistema Reiki conocido en Occidente es solo un fragmento del verdadero método del sistema de Usui. Este había enseñado a Hayashi una forma simplificada de Reiki, y Hayashi, a su vez, le había aportado nuevos elementos y estructuras al sistema.

Además, la señora Takata también introdujo cambios en el sistema, de modo que, cuando finalmente el Reiki llegó a Occidente, el sistema del doctor Usui había sido alterado significativamente y no tenía demasiado parecido con sus raíces.

Con el aumento de la demanda, Usui se vio cada vez más ocupado viajando por todo el Japón —lo que no era muy fácil en aquellos tiempos– para impartir su enseñanza y autorizar cada vez a más discípulos. La situación iba a afectar su salud provocándole pequeños episodios de estrés.

Presintiendo la inminencia de su muerte, cierto día en que se hallaba en su despacho en Tokio recogió todos sus documentos, materiales y escritos sobre Reiki, su diario y la colección de textos sagrados budistas y se los entregó a Watanabe, a quien consideraba su mejor discípulo y su amigo más querido. Luego, Usui se marchó para realizar una gira por el oeste del Japón impartiendo cursos.

El 9 de mayo de 1926, hallándose en Fukuyama, Mikao Usui murió a los 62 años de edad. Su cuerpo fue incinerado y sus cenizas fueron depositadas en un templo de Tokyo. Poco después de su muerte, los discípulos de la Sociedad de Reiki de Tokyo erigieron una lápida en su memoria en el templo de Saihoji, en el distrito de Toyatama, en Tokyo. Según la inscripción que figura en esta lápida, Usui habría enseñado el Reiki a más de 2.000 discípulos. Sin embargo, según lo consignado por el propio Usui en sus notas personales, este establece claramente que había enseñado a poco más de setecientos discípulos. Posiblemente los discípulos que erigieron su lápida aumentaron el número a dos mil para exaltar el esfuerzo docente de su maestro.

Muchos de estos discípulos establecieron sus propias clínicas y fundaron escuelas y sociedades de Reiki. Hacia 1940 había alrededor de cuarenta escuelas de Reiki extendidas por todo Japón. La mayoría de ellas enseñaban los métodos simplificados y desarrollados el doctor Usui.

Otra sociedad de Reiki más secreta siguió manteniendo la tradición esotérica. Estos practicantes, que no presentaron nunca su labor al público, la desarrollaron conservando una base espiritual muy profunda. Es muy improbable que haya demasiados occidentales que hayan podido dar con esta facción del Reiki en el Japón.

Bibliografía

Atreya, *Prana the secret of Yogic Healding.*
Beryl Bender Birch, *Power Yoga.*
Lawrenc Ellyard, *The Tao of Reiki.*
Anodea Judith, *Eastern Body, Western Mind.*
Elena Tchernychko, de la Kirlean Research Ltd., ha proporcionado las imágenes visuales de la energía.
Ediciones de vídeo de John De Ruiter, Oasis, Edmonton, Canadá.

Lecturas recomendadas

Cualquier obra de Ken Carey.
John De Ruiter, *Unveiling Reality*.
Richard Ellis, *Empower Your Life With Reiki*.
Lawrence Ellyard, *The Tao of Reiki*.
Cualquier de los libros sobre los chakras de Anodea Judith.
Cualquier obra de Tom Robbins.

Para contactar con Richard Ellis puede dirigirse a la página www.practicalreiki.com o la Editorial Ramdom House.

靈
気